堀田仁助

蝦夷地を測った津和野藩士

神　英雄

題字　佐々木龍雲（島根書道会会長）

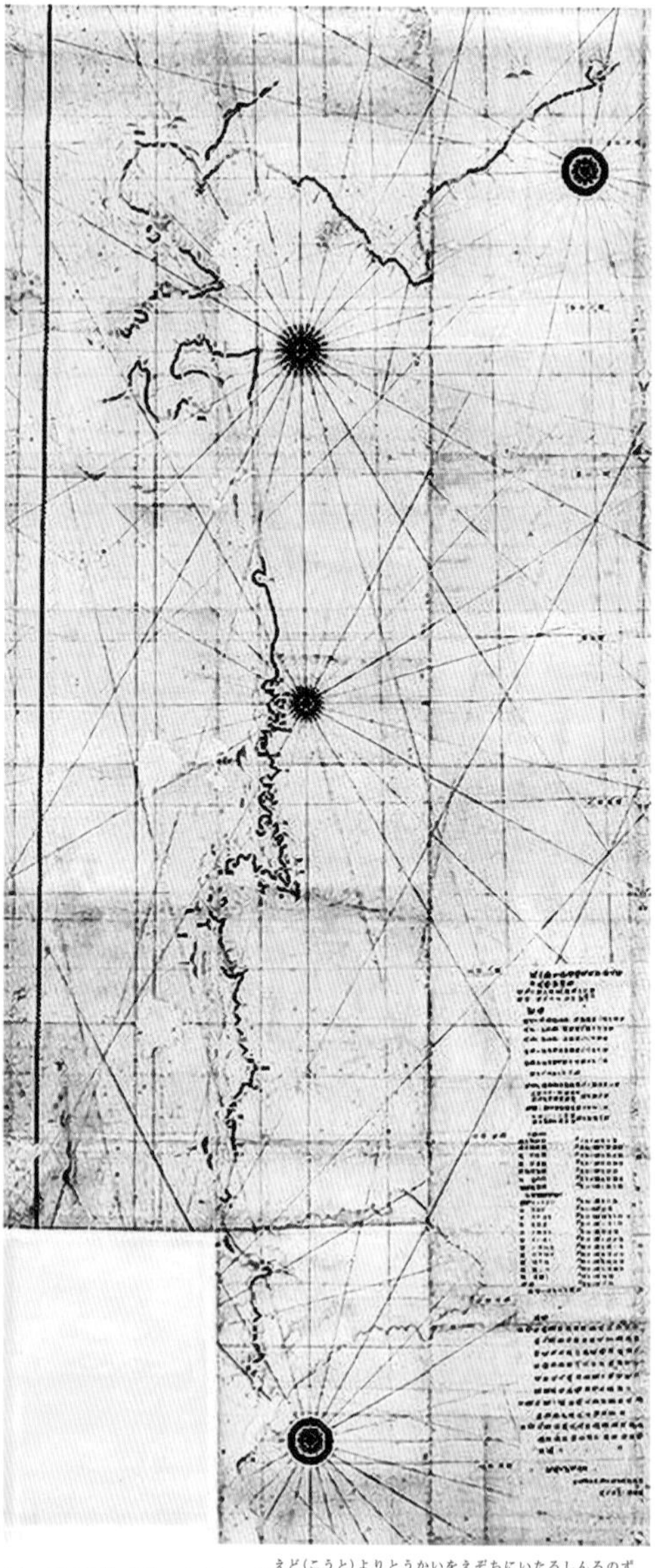

堀田仁助が作製した地図『従江都至東海蝦夷地針路之図《えど(こうと)よりとうかいをえぞちにいたるしんろのず》』(津和野町郷土館蔵)

序

佐々木　良子
（堀田仁助8代子孫）

１９９７（平成9）年、私が住んでおります益田市の広報に堀田仁助が採り上げられました。それを読んだのがきっかけで、先祖のことを詳しく知りたいと思うようになりました。

２００２（平成14）年、日本学士院の泉名（池谷）洋子氏に連絡し、「仁助に関する書籍を御存じないでしょうか」とお聞きすると、「１９９８年に神戸市立博物館で特別展『日蘭交流のかけ橋』が開催され、仁助の資料が展示されました」と教えられました。博物館の三好唯義氏に尋ねると、図録や他の資料を送ってくださいました。その中に秋月俊幸先生の研究成果がありましたので、さらに詳しく知りたいと思って秋月先生に電話。すると、先生はこれまでの研究者の成果と『蝦夷地開発記』の複写を送ってくださいました。

２００８年4月、島根県立古代出雲歴史博物館の岡宏三氏の新聞記事が目に留まり、直接お願いして『蝦夷地開発記』を翻刻していただきました。それが「史料紹介『蝦夷地開発記』と堀田仁助の由緒書」（『古代文化研究』17、2009年）です。

この時、宮田健一氏はじめ津和野町教育委員会の皆様が仁助の墓へ行く道標を作ってくださいました。現在も永明寺山門の近くに残っています。また、北海道出版企画センターの野澤緯三男氏や廿日市市の堀田正勝氏、益田市教育委員会の中司健一氏にも大変お世話になりました。

ただ、その後は先に進めずにおりました。2013年5月、浜田市世界こども美術館にお勤めの神英雄氏が縁あって来宅されました。その時、堀田仁助のお話をしましたら、2か月後に、「自分は歴史地理学が専門ですが、堀田仁助はその先駆者というべき人物なので調べてみたいと思います」とのご返事をいただきました。その時、明るい兆しが見えた思いがしました。

長崎、広島、東京など学会での発表を重ね、2015年に安来市加納美術館に館長として転任された後は、2017年10月、『島根地理学会誌』50号に「地理学者堀田仁助と西洋式地図」と題してこれまでのまとめを発表されました。

特にこの3年間の調査はコロナ禍の中、大変だったことと拝察します。

2020年、北海道厚岸から松前まで10日間かけて800㎞以上を車で走って仁助の足跡を追いかけ、東京では神風丸が造られた場所まで行かれ、「江戸の風を感じて来ました」と言われたことを思い出します。全国を東奔西走。熱意ある行動力には敬服しております。

２０２１年１月、「いよいよ約束を果たせます」と電話があり、『山陰中央新報』で「蝦夷地を測る――津和野藩士堀田仁助」の連載が決定したとの知らせを受けました。４月２日から翌年５月27日まで毎週金曜日61回を一度も休むことなく無事終了となりました。

神氏の調査・研究によって仁助に大きな光が差し込み、新たな事跡も解明され、当時の時代背景も取り上げていただき、本書の出版となりました。心より厚く感謝申し上げます。しかし、「まだまだこれからです。今が旅の始まりです」とも言われました。

本書が全国の多くの方に読まれ、新たな発展へと繋がりますことを切に願っております。

令和５年３月

目次

本稿は2021（令和3）年4月2日から翌年5月27日まで『山陰中央新報』に連載した「蝦夷地を測る——津和野藩士堀田仁助」（毎週金曜日掲載・全61回）を再編集して修正・加筆したものである。

執筆に際して、『堀田家由緒書』や蝦夷地調査時の史料を吟味・検討して仁助の生涯を書くと共に、現地調査を通して得られた知見を踏まえて、仁助が踏査した地域の景観の変遷を書こうとした。蝦夷地の地名については堀田仁助の記述に拠った。

本稿の内容と旧稿の記述と違いがある場合は、本稿が筆者の研究の現時点での到達点とご理解いただきたい。なお、本稿の記述に際して敬称を略させていただいた。

はじめに

島根の人は実に控えめだ。自らに課せられた役を粛々とこなし、なすべき仕事を終えたら静かに舞台を降りる。そして、退いた後は自分のしたことを声高に喧伝《けんでん》しない。時が経ち、その仕事が他人の功績とされてもなお沈黙を守る。そんな人に多く出会った。

人体に影響を与えず、病原体のみを死滅させる世界初の化学療法剤を発明した秦《はた》佐《さ》八郎《はちろう》（益田市美都町）、フィリピンの刑務所に服役していた日本人戦犯釈放に尽力し、恒久平和を訴え続けた画家加納莞蕾《かのうかんらい》（安来市）、世界で初めて缶コーヒーをつくった三浦義武（浜田市）。彼らの寡黙な生き方を知る度に私は心揺さぶられた。次第に事実を正しく伝えたいと願うようになり、これまで調査・研究を続けてきた。

「わが国で初めて方位測定・天体観測・距離計測による地図をつくったのは誰か」と尋ねられた時、多くの人は伊能忠敬《いのうただたか》と答えるに違いない。しかしそれは必ずしも正しいものでない。忠敬が蝦夷地（北海道）を「測量試み」として踏査したのは１８００（寛政12）年。その１年前、津和野藩士堀田仁助《ほったにすけ》（１７４５－１８２９）は、江戸から陸中国（岩手県）宮古まで船上で天体観測をおこない、東蝦夷地のアッケシ（厚岸）から松前までの海岸を測量し天体観測しながら踏査した。そして、それらの成果を１枚の沿岸地図にして幕府に提出した。
　幕府に提出した『従江都《えど（こうと）より》至東海蝦夷地針路之図《とうかいをえぞちにいたるしんろのず》』（正本）は見つかっていないが、手元に置いた控え（副本）は島根県の津和野町郷土館に所蔵されている。北海道史研究の泰斗高倉新一郎は、「堀田は伊能に劣らない成果を収めた人」（『北海道古地図集成』）と評し、秋月俊幸は「堀田仁助の蝦夷地航海と東蝦夷地沿岸の測量は、天文観測が航海と測量に積極的に利用されたことによってわが国では画期的な企てであった」（『日本北辺の探検と地図の歴史』）とする。

堀田仁助が測量時の状況を現地で記録した『玄空雑記』の表紙
（函館市中央図書館蔵）

　だが、これまで仁助の評伝はなく、彼の仕事についての分析も進まなかった。というのも、大正時代に初めて学術調査を実施した帝国学士院（後に日本学士院に改組）の遠藤利貞が、仁助を数学の先駆者として扱ったこともあって、北海道史の研究者と出生地の広島県廿日市市の人々を除いて、実測成果に基づいて地図をつくった彼の業績を正しく評価しようとする人が少なかったからだ。

幸いにして、仁助の東蝦夷地調査の際の記録が複数残っている。また、仁助の生涯を記した堀田家の由緒書も現存する。これらの史料を読んでいくうち、仁助の生涯を辿るのは島根に住む歴史地理学者に課せられた使命だと思うようになった。そして、仁助の足跡を訪ねる旅を始めた。

第1章　若き日の堀田仁助

津和野と廿日市

島根県鹿足《かのあし》郡津和野町。晩秋から春にかけての冷え込みが厳しい朝、町は霧に包まれる。青野山中腹を通る国道９号線の傍らに立つと、夜明けとともに雲海の上に頭を出した津和野城址の石垣が朱鷺色に輝くのが見える。やがて太皷谷稲成社の朱塗りの社殿が浮かびあがる。さらに霧が消えていくと、狭小な盆地いっぱいにかつての城下町が全容を現す。

ここは戦国時代に吉見氏の三本松城の麓に出来た城下集落を始まりとし、関ヶ原の戦いで戦功の

津和野城址の霧（高野淳撮影）

あった坂崎直盛が整備した。直盛は城下町を建設し、検地や城郭の大改修を行なって藩の基礎を固めたが、直盛が亡くなると坂崎氏は断絶。代わって１６１７（元和３）年に因幡国鹿野（鳥取市鹿野町）より亀井政矩《まさのり》が４万３千石で入封する。以後明治時代まで亀井家が藩主を務めた。

町を流れるのは津和野川。高津川と合流して益田市高津町で日本海に注ぐ。河口から長門国（山口県）との国境までは津和野藩領だが、大型船が出入り出来る港湾はない。そこで藩は瀬戸内海に面した安芸国佐西《ささい》郡廿日市（広島県廿日市市）に湊《みなと》を求めた。そして、中国山地の急峻な峠と深く刻まれた谷を越える津和野街道を整備した。それが１６２０（元和６）年だった。以後、参勤交代の行列は約90キロの道のりを４日かけて廿日市まで歩き、そこから船に乗って大坂に向かった。

市場町に起源を持つ廿日市。町を東西に西国街道が貫き、町の西側で生山《なまやま》峠を越えてきた津和野街道を合わせた。そのため古くから交通の要衝として栄えた。

ここはまた海上交通の拠点でもあった。町の東にある桜尾山の麓には、１６３１（寛永８）年以降、広島藩から借用した土地に津和野藩の御船屋敷が置かれた。そこには参勤交代の際に津和野藩主が利用した御殿をはじめ土蔵、船蔵が並び、ここから津和野特産の石州和紙や木材が上方に積み出された。１７３８（元文３）年頃には23艘の藩船が係留され、御船屋敷には津和野藩士と家族、水夫《かこ》などが多く住んでいた（『島根県の歴史街道』）。

堀田仁助は、1745（延享2）年正月5日（新暦の2月5日）、御船屋敷の一角、現在の廿日市市桜尾本町5丁目に生まれた。幼名は兵之介といい、泉尹《いずただ》の号を持つ。父は津和野藩蔵屋敷に勤務する堀田嘉助という切米（俸禄）6石二人扶持の役人だった。ちなみに仁助誕生から6日後に下総国で伊能忠敬が誕生した。

仁助が生まれた津和野藩御船屋敷近くに建っていた稲生《いなり》神社。津和野の太皷谷稲成神社を分祀したとされる。2021（令和3）年に取り壊された＝廿日市市桜尾本町

幼少期

司馬遼太郎の言葉。「亀井家十一代の歴世みな藩政に熱心で、山野をよく拓き、また製紙などの産業に力を入れ、小さな山間の盆地の津和野を近世の商業の中心地に仕立てあげた。江戸後期は、漢学のほかに国学と洋学がさかんで、その果実が、明治の西周や

森鷗外だったといえる」(『街道をゆく』)。歴代藩主の中でもとりわけ人材育成に熱心だったのが矩貞《のりさだ》だった。この人は度重なる災害に苦悩した藩主でもあった。

1752(宝暦2)年、廿日市にいた仁助が7歳の時、病弱だった藩主茲胤《これつぐ》がわずか27歳で世を去った。養子の矩貞が家督を継いだが、その翌年には大豪雨があり、領内で田畑6千300石の被害が出た。仮に1石を10万円とすると被害額は6億3千万円以上となる。さらにその2年後にはまたもや豪雨によって田畑2万3千50石(同23億3千万円)が被害を受け、700軒もの家が潰れた。しかも7月には城下1459軒を焼失する大火も起きた(『津和野町史』)。

打ち続く困難の中、矩貞は紙専売仕法を採用して産業振興に力を尽くす一方、人材

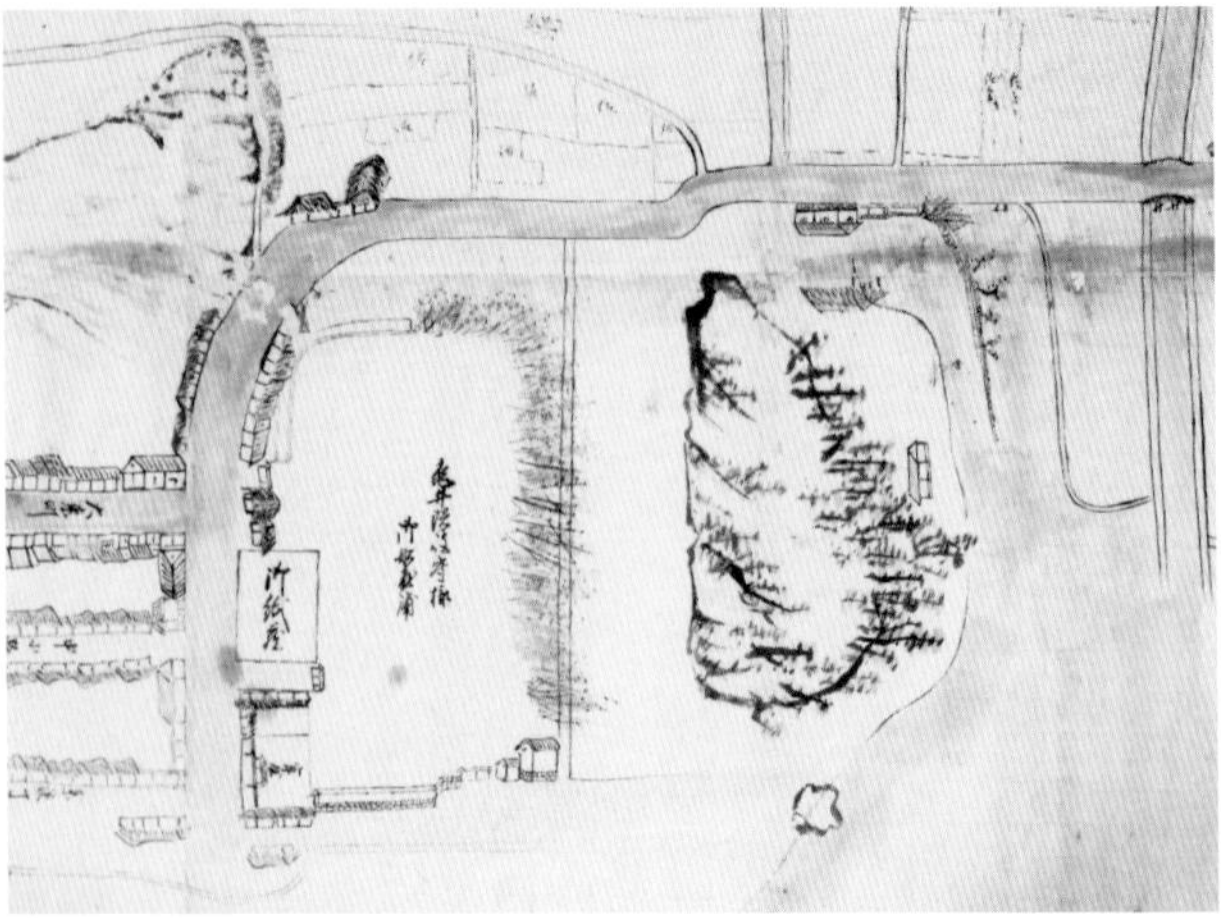

廿日市の絵図(部分)。中央にある桜尾山の東に船着き場があった＝廿日市市教育委員会蔵

育成のため教育に力を入れた。財政がひっ迫していて藩校開設までは至らなかったが、藩主の教育熱を反映して、山あいの小さな城下町にはいくつも私塾がつくられた。

藩主の熱意は遠く離れた廿日市の藩士にも影響を与えたようで、仁助も幼い頃から熱心に勉学に励んだ。俊才ぶりは周囲の誰もが認めるほどだったと津和野の研究者の間に伝えられている。

仁助の父嘉助は、1737（元文2）年に湊を出入りする船に関する様々な仕事にあたる御船手役所《おふなてやくしょ》の筆役（書記）見習として出仕し、その後は筆役となって御船手役所一筋に精励した。和紙の取引業務に詳しく、大坂にも何度か出かけた記録があるが、4石二人扶持の下級藩士だった。

1754（宝暦4）年、嘉助は堀田姓に代えた。その理由は、飫肥《おび》藩主伊東祐隆《すけたか》の娘

「石州津和野藩御船屋敷旧址」の石碑。1980年、旧御船屋敷跡の一角に建立された＝廿日市市桜尾本町5丁目

搖泉院が亀井矩貞の正室となり、津和野藩が伊東家に慮って伊藤や伊東姓の家臣を他姓に改めさせたのだという（堀田正勝による）。ただ、なぜ堀田と名乗るようになったかは分からない。

その父が在勤23年目にして病死した。恐らく30代後半から40代半ばの働き盛りだったと思われる。遺されたのは妻と3男2女の子どもたち。この時15歳になっていた長男の仁助はすぐに家督を継いで出仕した。最初に就いたのは御船手役所。直前まで父嘉助が働いていた役所だ。ここで筆役見習となった。初任給は一人半扶持というから年間で2石7斗、米俵だと7俵半分の米に相当する。現代の貨幣価値では年収100万円に満たないと見られる。

江戸に出る

1763（宝暦13）年9月、17歳の仁助は勘定所見習となった。勤務地は津和野。「いよいよ津和野のご城下で働ける」と仁助の期待は募る。「勘定所で働くからには算学を身に着けておかなければならない」と考えた仁助。津和野に着くと藩財政立て直しに尽力した金丸常永の弟湯永経《ゆながつね》が開いた私塾に入り、仕事の傍ら学問習得に励んだ。ほどなく算学の面白さに引き込まれていった。

それから2年。藩主亀井矩貞が参勤で江戸に出ることになった。江戸での経験を持つ藩士が、「江戸では様々な学問が盛んだ」と教えてくれた。「なんとしても江戸に出たい」と願った仁助は、「是非私を江戸にお連れください」と上司に願い出る。すると「私費ならば同行を許す」との回答がなされる。貧苦の中で旅費をどうやって工面したのかは判らないが、ともかく行列に加えて貰って旅に出た。

2年前に通った中国山地越えの険しい難路を戻る仁助。津和野を出て4日目の午後、汐見（明石）峠から御手洗《みたらい》川に沿って下っていくと、その先に廿日市の町が見えた。

廿日市の湊で藩御用船団の一艘に乗りこむ仁助。それを親戚や友人、かつての仕事仲間が見送ってくれた。大坂へ向かい、さらに陸路を江戸へ。上屋敷に到着したのは津和野を出て1か月後だった。

津和野藩上屋敷は外桜田（東京都千代田区内幸町2―1付近）にあった。今はイイノホール&カンファレンスセンターが建っ

江戸の津和野藩上屋敷（島根県津和野町教育委員会蔵）

ている。藩主と家族が居住し、藩の政治機構が置かれていた。

江戸の繁栄ぶりに圧倒される仁助。何もかも今まで見たことのないものばかりだった。「なんとか江戸に残っていろいろなものを学べないだろうか」と願うようになる。すると吉報がもたらされた。「坊主に欠員が出たのでやってみないか」というのだ。この坊主という仕事、藩邸を訪れた人の案内や雑務にあたる仕事だが、誰でもなれるものではなく、年少期から礼儀作法や教養を身に着けた者が登用されるのが習わしだったから、仁助はそれなりの資質を備えていたのだと分かる。

江戸藩邸には優秀な家臣が詰めていた。藩主矩貞の留守中は藩邸を守り、在府中は御城使として江戸城に出て幕閣の動静を把握し、幕府から示される様々な法令の入手や解釈と幕府提出書類の作成を行っていた。

仁助は雑用をいとわず、しっかりと職務に励んだ。そのうち国や藩の情勢が少しずつ見えてきた。半年後には留守居組に抜擢され、切米（俸禄）も4石（100俵に相当）にあがる。その1年後には褒美として銀1両を賜わり、衣服・器物の出納を担当する大納戸役手伝《なんどやくてつだい》になった。

甲州で治水を学ぶ

１７６６（明和３）年２月、21歳の仁助は甲州（山梨県）釜無川の川岸に立っていた。辺り一面うず高く土砂が積もり、流木や建物の残骸がそこかしこに散在していた。それは前年の春から秋にかけての度重なる氾濫の跡だった。

甲府盆地では、笛吹川、釜無川、御勅使《みだい》川、荒川はじめ大小の川が北から南に流れている。富士川水系の河川は河床勾配が急で土砂の流出が激しく、ひとたび豪雨となるや、四方を囲む急峻な山々から一気に濁流が押し寄せた。被害の大小を問わなければ、毎年のようにどこかで水害が発生していた。

洪水の後は、領内の農民が駆り出されて川除普請《かわよけふしん》という復旧工事が行われた。その際、幕府は諸藩に命じて費用負担や家臣派遣をさせた。例えば、１７４８（寛延元）年には、鳥取藩と豊後岡藩（大分県）に命じて川除御手伝普請を行わせたが、両藩は家老級の重臣を惣奉行に立てて家臣団を送り込んでいる（山梨県立博物館資料）。

明和３年の釜無川の川除御手伝普請に際して、津和野藩は家臣を送ったようだが詳しくは分からない。ただ、『堀田家由緒書』によれば、仁助は現地に数か月滞在して復旧作業に従事したとある。甲州で甚大な被害に驚いていると、「河川の氾濫には１年の中でも周期性があり、出水時期を推測する方法として古くから暦法や天文学が発展してきた。天文学を学べば災害に備えられる」と教えてくれる人がいた。それで「予め大雨が降る時期が分かれば、永年水害に苦しんできた津和野も助かるかもしれない」と考えるようになる。次第に暦学や天文学への思いが募っていった。

なお、この年には浜田藩も復旧作業に従事していて、浜田藩主の本多忠盈《ただみつ》が甲斐国二宮美和神社（笛吹市御坂町）に普請成就の祈願をした記録がある。

江戸に戻ると、甲州での働きぶりが高く評価され、藩公から褒美銀3両を下賜した。それも有り難かったが、それ以上にこの時の体験を通して天文学の大切さを知ったのがうれしかった。

天文学への興味はいよいよ募っていく。「天文学や暦学を習得するためにはまず算学

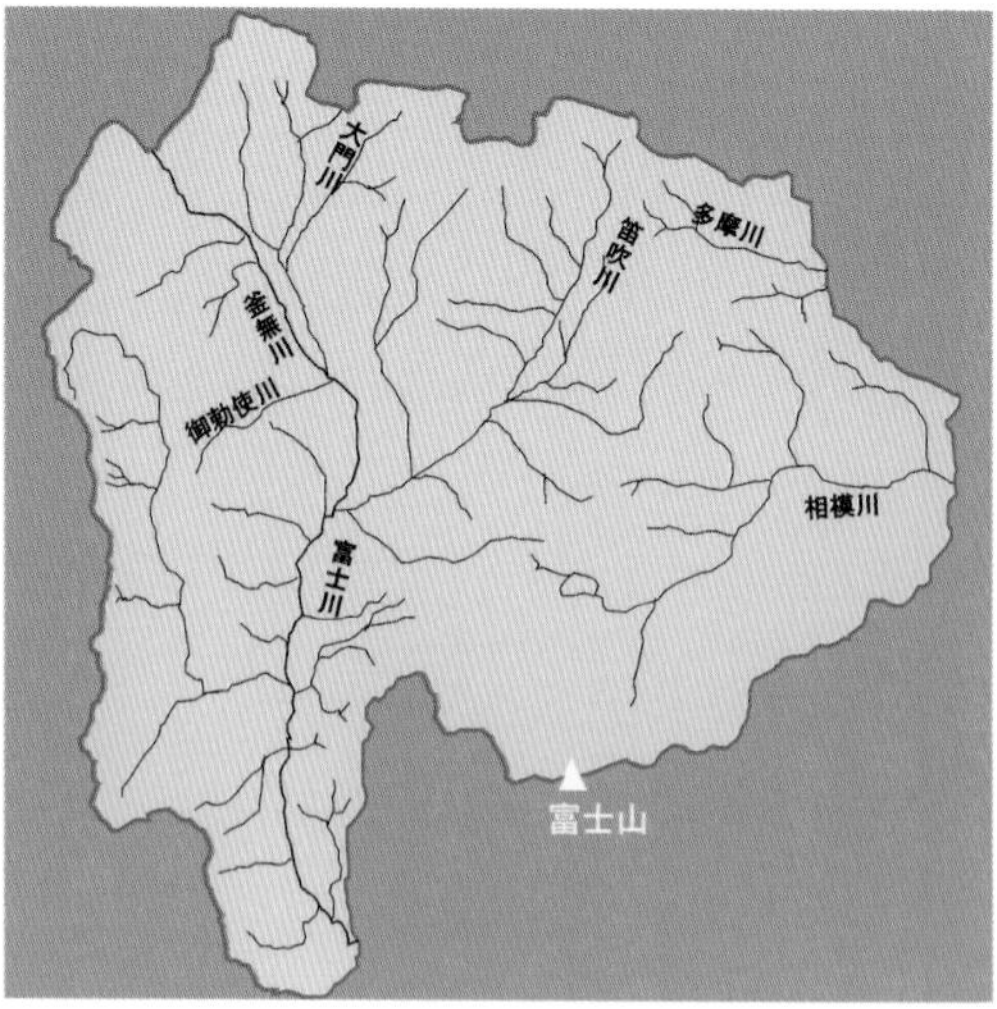

山梨県の主な河川。釜無川と御勅使川の合流付近に武田信玄がつくった信玄堤がある（神由貴作図）

に習熟しよう」と考え、江戸に戻ると、関流算学の山路主住《やまじぬしずみ》の高弟藤田貞資《さだすけ》を訪ねて門下生に加えてもらった。仕事の合間や非番の時に通って算学を中心に暦学、天文学も学び始めた。たちまち頭角を現した仁助は師を驚かせた。与えられた問題を解く一方、自ら作成した問題を藤田に見せて指導を仰ぐ。それがどれほど楽しかったか。しかし、３年後の１７６９（明和６）年８月、津和野に帰るように命じられる。まだまだ学び続けたいが藩命に背く訳にもいかず、志半ばのまま石見に戻った。

その頃、隣接する浜田藩では、藩主の松平康福《やすよし》に嗣子《しし》がなかったので、旗本前田房長の３男・松平康定を婿養子として迎え、康定は翌年浜田に入部した。その折、津和野藩は25歳の仁助を歓待役に抜擢。小笠原台蔵とともに浜田に出かけてその任を果たした。こうして藩役人としても着々と実績を重ねていったが、その間も寸暇を惜しんで勉学に励んだ。

天文方に出仕する

１７８２（天明２）年春、「堀田仁助を幕府天文方へ出仕させるように」との幕府からの文書が、突然江戸の津和野藩邸に届けられた。これを承けてすぐに津和野に連絡がいった。

６月11日の津和野。登城を命じられた仁助が出かけると、「江戸に出て天文方に出仕するように」と命じられた。「いったい何があったのか」と聞かれるが、仁助も分からない。ともかく、仁助は参勤交代の列に加わって江戸に向かい、藩邸に到着のあいさつを済ませて天文方に出かけた。

話はこれより百年ほど遡る。

それまで用いられていた暦は宣明《せんみょう》暦といい、平安時代に中国から輸入されたものだった。それが800年以上の長きにわたって使われ続けてきたのだが、実際の日付との間に誤差が生じていた。特に月食・日食の予報が実際より2日もずれた。

そのような中にあって、京都出身の安井算哲が1684（貞享元）年に正確な貞享暦をつくった。安井は幕府の碁所に出仕して石見国馬路《まじ》村（大田市馬路町）出身の本因坊道策と囲碁のライバル関係にあったが、天文学にも通じていて、日本人の手による最初の貞享暦をつくった。これを機に幕府は天文方を新設し、算哲を初代天文方とした。彼は後に渋川春海《しゅんかい》と名を改める。

8代将軍徳川吉宗は、享保の改革によって幕府財政を再建したが、西洋の学問にも興味を持っていた。西洋天文学に基づいた新たな暦をつくろうと考えて、その道に通じていた西川正休《まさよし》を天文方に任じた。西川は1747（延享4）年から神田佐久間町の天文台で改暦のための天体観測を開始し、何度か京都に出かけて陰陽頭《おんようのかみ》土御門（安倍）泰邦に改暦を諮った。しかし、吉宗が亡くなると作業は中断。泰邦は西川を京都から追放し、自ら改暦を主導して宝暦４（１７５４）年宝暦暦《ほうりゃく》を作成した（翌年より実施）。ところが、この暦は貞享暦より精度の劣るものだったので、あちこちで「改暦すべし」の声があがった。

この時期、天文方の渋川家当主正清は天文方筆頭の家柄でありながら、名ばかりの存在となっていた。そこで外部に新たな暦づくりに適切な人物を求めた。その時、藤田貞資《さだすけ》が「石州津和野藩の堀田仁助が適任かと存じます」と10数年前に津和野に帰った門弟の名前を出した。恐らく、仁助は長く文書を通して恩師と算学についてのやりとりを続けていたのだろう。

仁助の天文方への抜擢にはこのような経緯があった。ともあれ、仁助に「渋川正清門人」と「公儀暦作御用手伝」という新たな肩書が加わった。

天文方は正式には頒暦所御用屋敷《はんれきじょ》といった。当時は牛込藁店《わらだな》（新宿区袋町）にあったが、仁助の天文方入りに合わせたかのように浅草片町裏(台東区浅草橋３丁目)に移った。江戸の人々は、突如現れた周囲約93・６ｍ、高さ約９・３ｍの築山の上に築かれた約５・５

m四方の天文台に驚いた。そこには恒星の高度を測定する象限《しょうげん》儀《ぎ》という望遠鏡のついた大きな分度器、指針の回転により天体の位置と緯度・経度を測る簡天儀が備え付けられていた。とりわけ巨大な簡天儀の摩訶不思議な形が町の評判となった。

仁助はここで天体の運動が楕円軌道であるというヨーロッパの天文学の知識を採り入れた新しい暦づくりに励んだ。精勤ぶりは高く評価され、1782（天明2）年には銀1両を下賜され、その翌年には2石加増された。

葛飾北斎「富嶽百景・鳥越の不二」（国会図書館デジタルコレクション）。巨大な簡天儀が目をひく

算学で成果を出す

幕府天文方は、当時わが国を代表する研究機関の一つだった。天文学・暦学・地誌

学・測量学・洋書翻訳など最先端の研究が行われていて、仁助はここで最新の学問を身に着けていった。仁助の実力を知りうる資料がある。

この頃、算学の問題を扁額にして各地の有名な社寺に奉納し、参拝客に解法を問う算額奉納が流《は》行《や》っていた。1789（寛政元）年、各地の算額の中から優れた問題を集めた『神壁算法』が刊行された。この本に仁助作成の問題が載る。「江戸柳島妙見堂（墨田区業平5丁目の法性寺境内）に前年奉納したもの」と付記されている。妙見堂には北極星を表現した開運北辰妙見大菩薩が祀られており、吉運を招くといわれて多くの参詣者で賑わい、歌川広重『名所江戸百景』にも描かれる名所だった。その問題を挙げよう。

問　図のように大円の中にいくつもの円が重

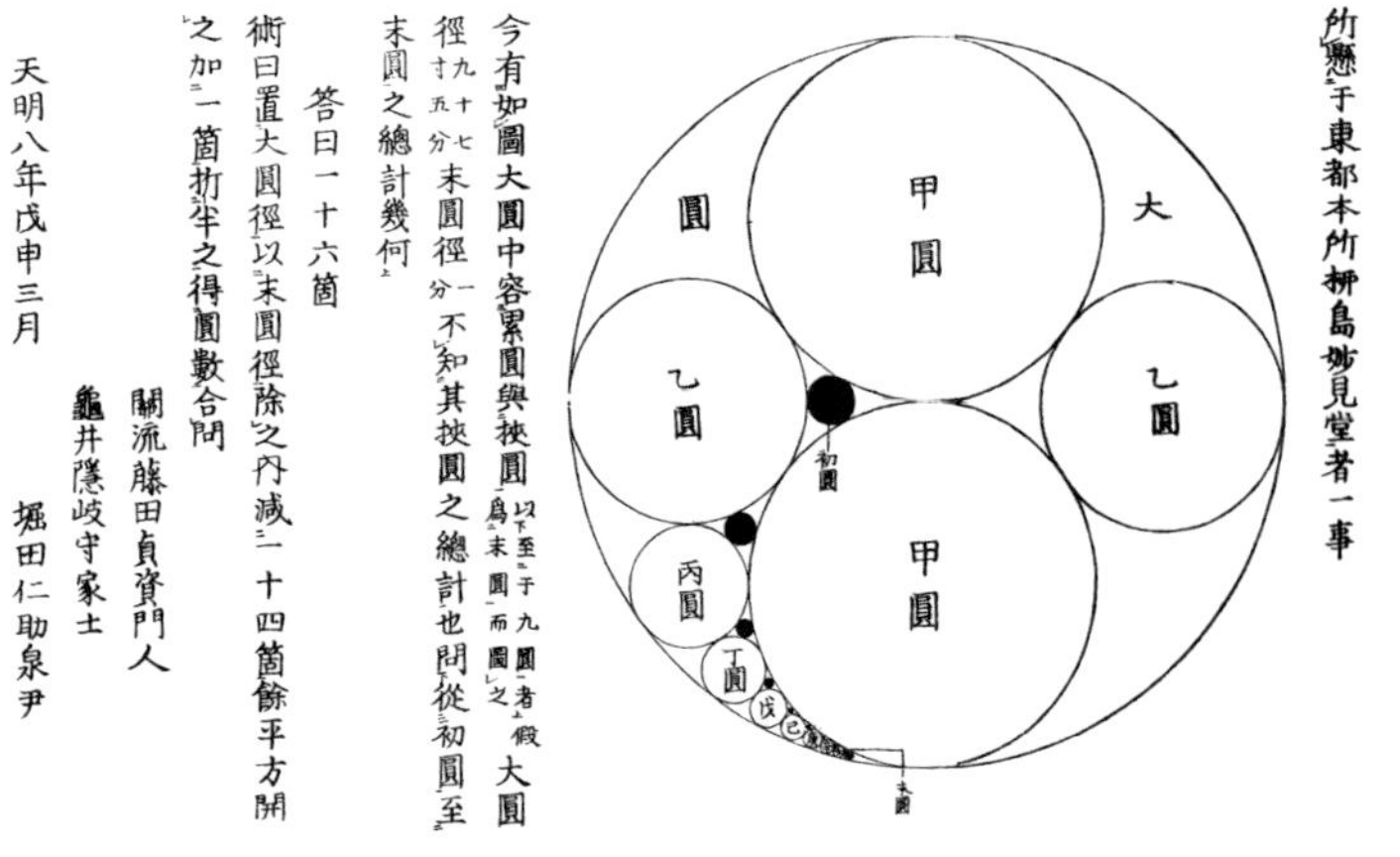

今有如圖大圓中容累圓與挾圓以下至于九圓者假大圓徑九十七寸五分末圓徑一分不知其挾圓之總計也問從初圓至末圓之總計幾何
答曰一十六箇
術曰置大圓徑以末圓徑除之内減二十四箇餘平方開之加一箇折半之得圓數合問
關流藤田貞資門人
亀井隠岐守家士
堀田仁助泉尹
天明八年戊申三月

堀田仁助がつくった算額の問題。1788年、堀田仁助が43歳の時に柳島妙見堂に奉納した（国会図書館デジタルコレクション）

なるように入っている。円の個数はわからない。大円径97・5寸、末円径0・1寸のとき初円から末円までの個数（黒円の個数）は幾らか。

答　16個

歌川広重「名所江戸百景・やなぎ島」。仁助が算額を奉納した妙見堂は絵の中央に見える法性寺の境内にあった（国会図書館デジタルコレクション）

また、その翌年に鎌倉の鶴岡八幡宮に奉納したとされる算額の問題が、１８０６（文化３）年に刊行された『続神壁算法』に載っている。

『神壁算法』と『続神壁算法』には藤田門下だけでなく、宅間流や会田安明の算額も載る。和算研究者の小寺裕によれば、仁助の名前で発表された問題は高度なものだが、計算の下書きなどが残っていないので、実際に仁助がこの問題を作成したかは判らないという。しかしながら、仁助が藤田の下で算学を学んだのは事実であり、仁助の子信輔も後に藤田の子息嘉言《よしとき》の門人になり、嘉言が亡くなった折には、江戸の西応寺（新宿区須賀町）に建つ師の墓碑銘を揮毫した。このほか、１７９１（寛政３）年に出た『算学累年録』にも仁助の問題が載り、１８１４（文化11）年には『對數表』を刊行している。その奥付には「田沼氏への進講資料」と書かれているが、田沼意次に進講したものかもしれない。いずれにせよ、彼が算学について群を抜く知識を有していたのは間違いない。

１７９３（寛政５）年４月13日、仁助は五人扶持となった。この時48歳だった。

第2章　蝦夷地の緊張

18世紀後半の蝦夷地

江戸時代の北海道。松前のある渡島半島南部を和人地と呼び、それより北のアイヌの人々の住む土地を蝦夷地と呼んで区分していた。北海道と呼ぶようになったのは明治以降だ。

寒冷で米がとれなかったので、蝦夷地を支配する松前藩は、家臣に「商場《あきないば》」と呼ぶ知行地でのアイヌと交易する権利を与えた（商場知行制）。

家臣は米、酒、煙草や鍋や小刀、それに古着を商場に持って行き、アイヌの持ってきた水産物や毛皮などと交換。それを松前に持ち帰り、売却利益で暮らしていたが、やがて商人に代行させて利益を納めさせるようになった。

それが後に場所請負制度へと変わる。藩から請け負った商人が「場所」でアイヌを使役して漁業を営み、そこで得た利益の一部を運上金として藩に納めた。利益を追求した商人の中には、アイヌを酷使したり、非道を働く者もいた。その結果、1789（寛政元）年にはクナシリ・メナシの戦いが起き、71人の和人が殺害された。

一方、18世紀後半になるとロシア・イギリス・オランダ・スペイン・フランスが相次いで蝦夷地や千島に来航するようになった。

1767（明和4）年、ロシアが北千島にやって来た。その4年後にはウルップ（得撫）島にも進出し、1778（安永7）年6月には根室半島やアッケシ（厚岸）にも来航した。

仙台藩の医師工藤平助は、『赤《あか》蝦夷《えぞ》風説考《ふうせつこう》』を著し、「ロシアへの備えをしながら交易

クナシリ・メナシの戦いの収束に尽力したイコトイ
（『夷酋列像』、函館中央図書館蔵）

すべし」と主張した。これを読んだ老中田沼意次は諸外国の接近に危機を抱き、蝦夷地開拓計画を建て、1785（天明5）年とその翌年に蝦夷地並びに千島と樺太南部の調査を実施させた。これによってロシアの動向や地理的知識を得たが、田沼が失脚すると調査は一時停滞してしまった。

その後、1792（寛政4）年にエカテリナ号に乗ったロシア使節ラクスマンが、大黒屋光太夫を伴ってネモロ（根室）に来航して通商を要求。老中松平定信は、「ロシアとの通商もやむなし」と考えつつも、松前か津軽半島の三厩《みんまや》に北国郡代を置こうとした。定信は蝦夷地を日本とロシアの緩衝地帯にしようと考えたらしい。しかし、実行に移す前に政権を離れてしまう。

1795（寛政7）年にはロシア人がエトロフ島に入植し、翌年と翌々年にはブロートン率いるイギリス船プロビデンス号が内浦湾に来航した。松平定信退任の後を受けた老中首座松平信明《のぶあきら》ら幕閣は危機感を抱き、翌年に180人の蝦夷地巡察隊を派遣して具に現状を調査させた。

その報告を見た幕府は、「国防の最前線である蝦夷地は、もはや小藩の松前藩だけに任せられない」と判断し、幕府の直轄支配へと大きく舵を切った。それが天文方にいた堀田仁助の運命を変える。

蝦夷地取締御用掛

江戸幕府は東蝦夷地の直接統治に乗り出し、1798（寛政10）年12月から翌年1月にかけて蝦夷地取締御用掛という新たなプロジェクトチームをつくって担当者を決めた。

まず、トップの総裁には老中の戸田氏教《うじのり》（美濃大垣藩主）が就任した。2月には若年寄の立花種周《たねちか》（筑後三池藩主）が参政になって戸田を補佐した。

次に蝦夷地で陣頭指揮を執る現地司令は書院番頭の松平忠明《ただあきら》と決まった。本来、国防は老中直属の勘定奉行や大目付の仕事だったから、若年寄直属の書院番頭だった忠明が選ばれたのは異例だった。しかも忠明は34歳とまだまだ若い。かつて蝦夷地経営について方策を上呈したとはいうものの、現地経験の乏しい人物を抜擢した理由は不明だ。若年寄の堀田正敦の強い推挙があったとだけ判っている。

続いて蝦夷地経営の最前線に立つメンバーが1月15日に発表された。御使番大河内政寿《まさこと》（善兵衛）、勘定吟味役三橋成方《なりみち》（藤右衛門）、目付渡辺胤《つづく》（久蔵）、勘定奉行石川忠房（太郎右衛門）、目付羽太正養《はぶとまさやす》（庄左衛門）など。

このうち、前年の蝦夷地巡察隊の一員として現地を探索した大河内・三橋は蝦夷地勤務となり、渡辺と未経験者の石川と羽太は江戸勤務と決まった。

翌日、江戸城本丸にある芙蓉の間に老中・若年寄が列座して、改めて蝦夷地経営の陣容が発表された。

戸田は現地に赴く役人に書面を示し、「このたびの御用の要は国境取締にある。向こう7年間、東蝦夷地の浦川（河）より東の土地を幕府直轄地とする」と告げ、蝦夷地統治の方針を示した。

商人のアイヌ収奪を禁止して仁政を行うとともに、道路を開削して交易を行い、アイヌに漁具を貸して勤勉を奨励する、極貧者には衣類・住居の手当をし、病人があるときは官医をもって治療させ、日本語を用いて文字を教え、風俗改めを奨励する。また、外国船に対する防衛措置として、南部・津軽の両藩に命じて要地に駐屯させ、特にロシアとの間で緊張の高まっていた択捉島の警戒を厳重にする。

いろいろ挙げているが、統治の眼目は、アイヌを撫育してロシアの侵入に対抗するとともに防衛力増強のためのインフラ整備にあった。

2月10日、寄合村上常福（三郎右衛門）、西丸小姓組遠山景晋《かげくに》（金四郎）、西丸書院番組長坂高景（忠七郎）も忠明に随行して蝦夷地に赴くことも決まった。

数日後、一番立が江戸を出た。2月17日に二番立もそれに続いた。さらに御普請方場所掛、道路掛、交易掛なども次々に出立し、3月20日に現地指令の松平忠明、三橋、村上、遠山らも蝦夷地に向かった。

こうして、わずか1か月ほどの間に800人もの幕府役人が蝦夷地に渡った。

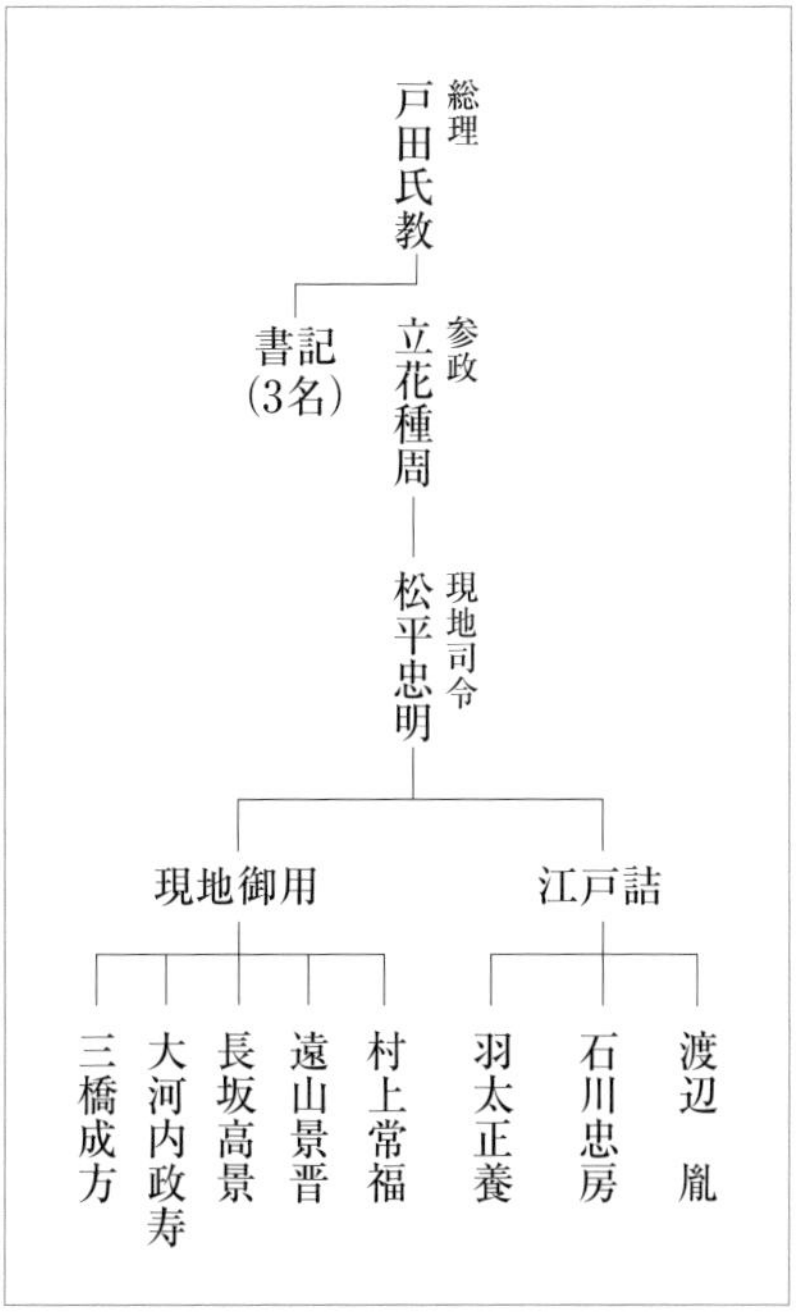

蝦夷地取締御用掛の組織図　島谷良吉『最上徳内』（1977年、吉川弘文館）所収の組織図に加筆

仁助の蝦夷地派遣が決まる

東蝦夷地の開拓にあたって、幕府は浦川（浦河）以東の土地を7年間直轄支配すると決め（仮上知）、その地域にあった運上屋を会所と改名して幕府から派遣した役人を駐在させた。また、ロシアの襲来に備えて松前からの陸路の整備を始めた。新道を切り開き、渡し場に舟を置くとともに宿駅と休憩施設を確保して人馬を配置した。

さらに大量の人と物資を迅速に運ぶために江戸と東蝦夷地を最短で結ぶ航路を開こう

と考えた。

それまで、本州から東蝦夷地のアツケシ（厚岸）に行くには、江戸から陸路で下北半島か津軽半島まで進み、そこからいったん船で松前か箱館（函館）に渡って、海岸線に沿って東に進むか、モルラン（室蘭）やエンルム岬（襟裳岬）まで渡海し、同じように海岸を目視しながらアツケシを目指していた。しかし、太平洋に突き出たエンルム岬は沖合三里（12㎞）まで岩礁が延び、濃霧と強風によって座礁する船が多かった。江戸と東北諸藩を結ぶ太平洋沿岸航路（東廻り航路）もあったが、銚子沖や尻屋崎を始め危険な海域が多く、海難事故が多発していた。

それでも危険を顧みずアツケシから直接本州に直接向かう航路を開こうとした者もいた。それは元文年間（１７３６~４０年）だったという。南部藩の辻文右衛門という商人がアツケシの山で大木を伐りだし、これを船に積み込んで江戸鉄砲洲（東京都中央区湊周辺）の材木問屋に送って財をなした。その後も何度かこの航路は使われたが、勘に頼った航海のため遭難が相次いだ。安全で安定した航路をつくるのは東蝦夷地開拓において必須の課題であり急務となっていた。

３月、蝦夷地御用掛のメンバーは新たに外洋航路を開拓するため、２隻の試乗船を用意すると決した。

1隻は既存の幕府御用船。これまでのように乗組員の勘と経験に頼って蝦夷地を目指す。こちらは3月24日に江戸を発つと決まった。

もう1隻が新造船。これに天文学の測量術に習熟した人物を乗せて針路を決定させてアツケシを目指す。

ここまではいい。しかしいったい誰を乗せるのか。任せられる人物はいるのか。ただちに使者が天文方に派遣されて人選が行われた。


話を少し戻そう。天文方では、仁助が山路徳風《よしつぐ》らとともに新たな暦づくりに励んでいたが難航していた。そこで1795（寛政7）年、大坂から高橋至時を呼んで天文方に登用した。至時は同門の間重富《はざましげとみ》とともに改暦メンバーに加わったが、ほどなく伊能忠敬が天文暦修行で至時に入門した。1796年、天文方はヨーロッパの天文学の成果を採り入れた寛政暦を完成させ、翌年改暦の宣下《せんげ》がなされた。

約15年間改暦作業に携わってきた仁助も重大な任務から解放され、次の改暦に備えて静かに天体観測や研究をしていた。

3月13日、江戸外桜田の津和野藩邸。家老の牧図書介《ずしょのすけ》が仁助を前にして、「ご老中松平信明様の命令である」と恭しく前置きして、「その方蝦夷地御用につくように」と老中奉書を読み上げた。さらに付け加えて、「江戸と蝦夷地の間の航路を明らかにし、寄港地で緯度を測るとともに、蝦夷地の湊でも緯度の測量をするように」と作業内容が伝えられた。御普請役並の支度金3両と、旅先で人馬を無償で利用出来る旨を記した老中発行の御証文を渡した。これとは別に10両が下賜された。

「ただちに蝦夷地に向かう準備をするように」と命じられた仁助。驚く気持ちを抑え、慌ただしく渡航準備に取り掛かった。

政徳丸の失敗

蝦夷地に向かう航路開拓のために選ばれた試乗船の1つは政徳丸（1200石積=約180トン）だった。築造時期は不明だが、1784（天明4）年に大しけにあって難

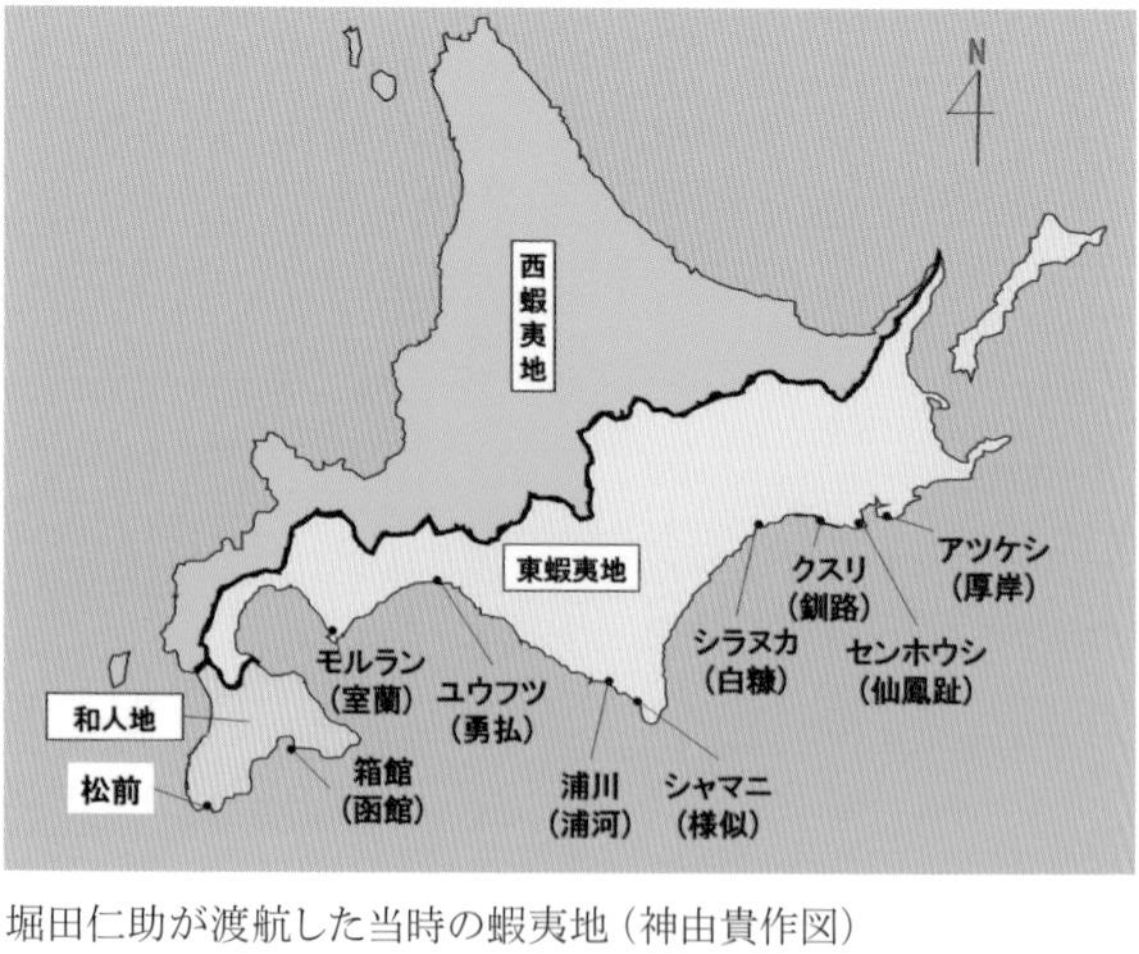

堀田仁助が渡航した当時の蝦夷地（神由貴作図）

破した記録がある。また、８年後にロシアのラクスマンが大黒屋光太夫を伴ってネモロ（根室）に来航した折には、箱館からアツケシまで兵糧を運んだ。その翌年に幕府御用船となり、長く東海道や西海道の沿岸を巡っていた（『宇曾利百話』）。

幕府御用船となった政徳丸。艫《とも》に日の丸の幟がひるがえり、船の側面、甲板、帆柱は赤く塗られていた。この船が航行するのは幕府の領海であると、国内外の船に知らせようとするためだったという（菊池勇夫「『模地数里』に描かれた松前」）。

この船には実に不思議な物語がある。

ある年、海上を航行していると、突然船底に穴が開いて浸水し始めた。水主《かこ》組頭を務めていた長川仲右衛門は、郷里の南部藩大畑村（青森県むつ市大畑町）の八幡宮に懸命に助命を祈った。すると浸水が止まって沈没を免れた。最寄りの湊に入って船底を調べると、破損個所に大きなアワビが吸い付いていていた。

神恩に感謝した長川は１７９７（寛政９）年に二張の提灯とアワビを郷里の大畑八幡宮と春日神社に奉納した。

長川は１７８４（天明４）年の蝦夷地見分隊の隊員として蝦夷地を探検している。天

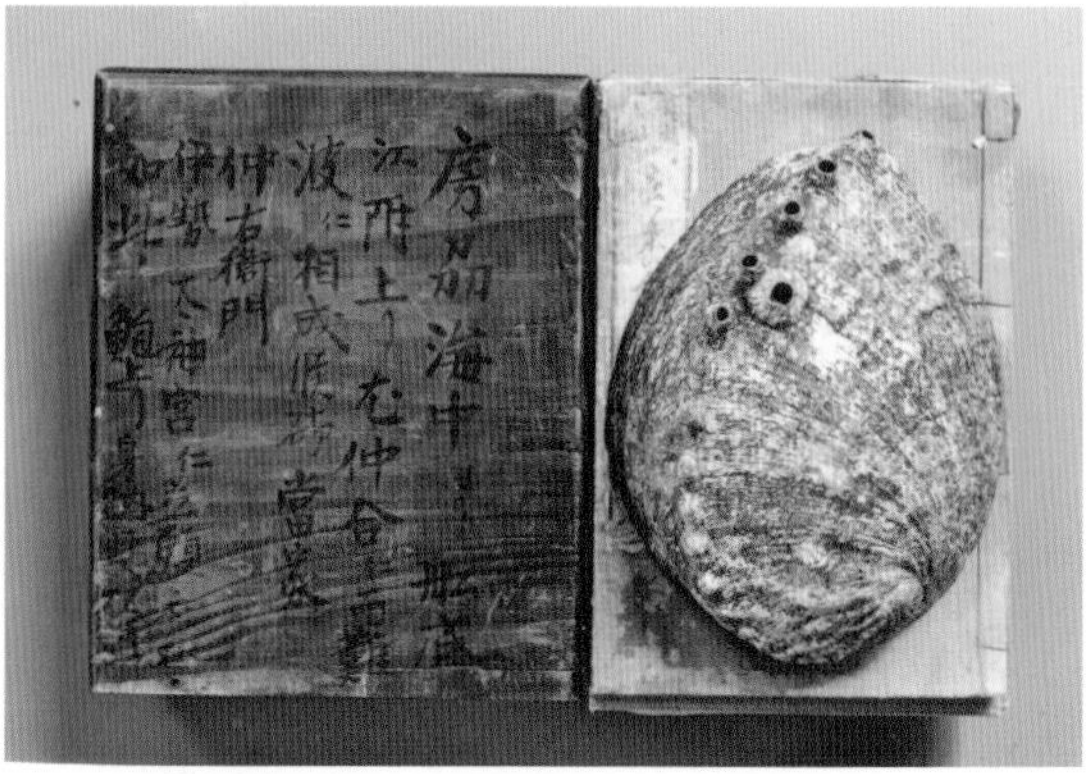

大畑八幡宮収蔵のアワビ貝（むつ市教育委員会提供）。縦17cm×横12.5cmの貝殻を長川の奉納品として大切に守っている

政徳丸を模したと伝えられている大畑八幡宮例大祭（大畑祭り）の山車「明神丸」（NCスタジオ青森＠なりたカメラ写真館提供）

候観察の達人で、ものおじしない性格だったので、１７９１（寛政３）年に将軍御座船の指揮をとっていた向井将監《しょうげん》の元に召し出され、翌年の最上徳内の樺太探検にも同行した。政徳丸では水主組頭を務めていたが、神風丸以後は船頭として活躍。１８１９（文

政２）年にイシカリ詰幕吏として石狩場所治安維持に尽力した（『新札幌市史』第１巻）。

３月24日、政徳丸は江戸を発ってネモロ（根室）を目指した。蝦夷地周辺の海路を熟知していた長川は乗船しない。仁助の乗る神風丸の船頭になるのが決まっていたからだった。政徳丸に乗ったのは操船技術に優れてはいるが蝦夷地の海に不慣れな者が多かったようだ。

案の定、政徳丸は強風や濃霧のため江戸から南部領宮古浦（岩手県宮古市）まで２か月を要した。宮古の鍬ケ﨑湊で体制を整えて６月９日に太平洋に出帆したが、悪天候に翻弄され、遂には船の位置すら分からなくなってしまう。水を浴びて神仏に命乞いをしたり、どの方向に進むかを籤《くじ》で決めたりした。漂流の末にようやく陸影を見つけたものの、そこは目的地のネモロから遠く離れた日高沖だった。海岸を目視しながら難航を重ねて29日にようやくアッケシに辿り着き、ここで航海を打ち切った（松田伝十郎『北夷談』）。

なお、政徳丸はその後もしばらく御用船として運用された。余談だが、司馬遼太郎の『菜の花の沖』では高田屋嘉兵衛の弟金兵衛が船頭として乗船したと記されている。

神風丸建造

蝦夷地に向から航路を拓くため、幕府は新旧2隻の船を使って実験的な航海を試みた。

これまでの研究では、政徳丸の渡航が失敗したので神風丸へ航海の命令が出されたといわれていたが、実際には政徳丸が江戸を出る10日前、仁助に対して新造船への乗船命令が出されていた。運を天に任せる航海の無謀さを蝦夷地取締御用掛のメンバーは分かっていた。政徳丸は天文学の測量技術によって外洋航海をする神風丸の優位性を示すための実験台に過ぎなかったのだ。

仁助が測量担当に選ばれた経緯が羽太正養《はぶとまさよし》の『休明光記』に載っている。この本は、羽太が１７９９年に蝦夷地取締掛を命じられてから、１８０７（文化４）年に松前奉行を罷免されるまでを記録したものだ。

羽太は１８０５年の蝦夷地視察の折に支笏《しこつ》川を訪れた。支笏はアイヌ語で「大きな谷間、大きなくぼ地」を意味するが、支笏が死骨を連想させるので別の名前に出来ないかと相談され、川の周辺に鶴が多くいたのにヒントを得て、「鶴は千年、亀は万年」に因んで千歳川と名付けた、これが千歳の地名由来とされる（松浦武四郎『夕張日誌』）。その『休明光記』を紹介したい。

蝦夷地に向かう航路を探る任務に際して、天文学に習熟したものを同行させ、星宿を測り、方位を定めつつ航行するのが重要である。このように考えて適任者を探したところ、亀井隠岐守の家臣に堀田仁助という人物がいると分かった。この者は暦学に長じ、今は天文方に勤務して御扶持を頂いているという。亀井家および天文方の渋川主水に相談すると「異存はない」との回答だったので、改めて亀井家に命が下った。

天文方に出仕して17年目の仁助は経験・知識ともに充分もちあわせていて適任と判断されたものと思われる。なお、『休明

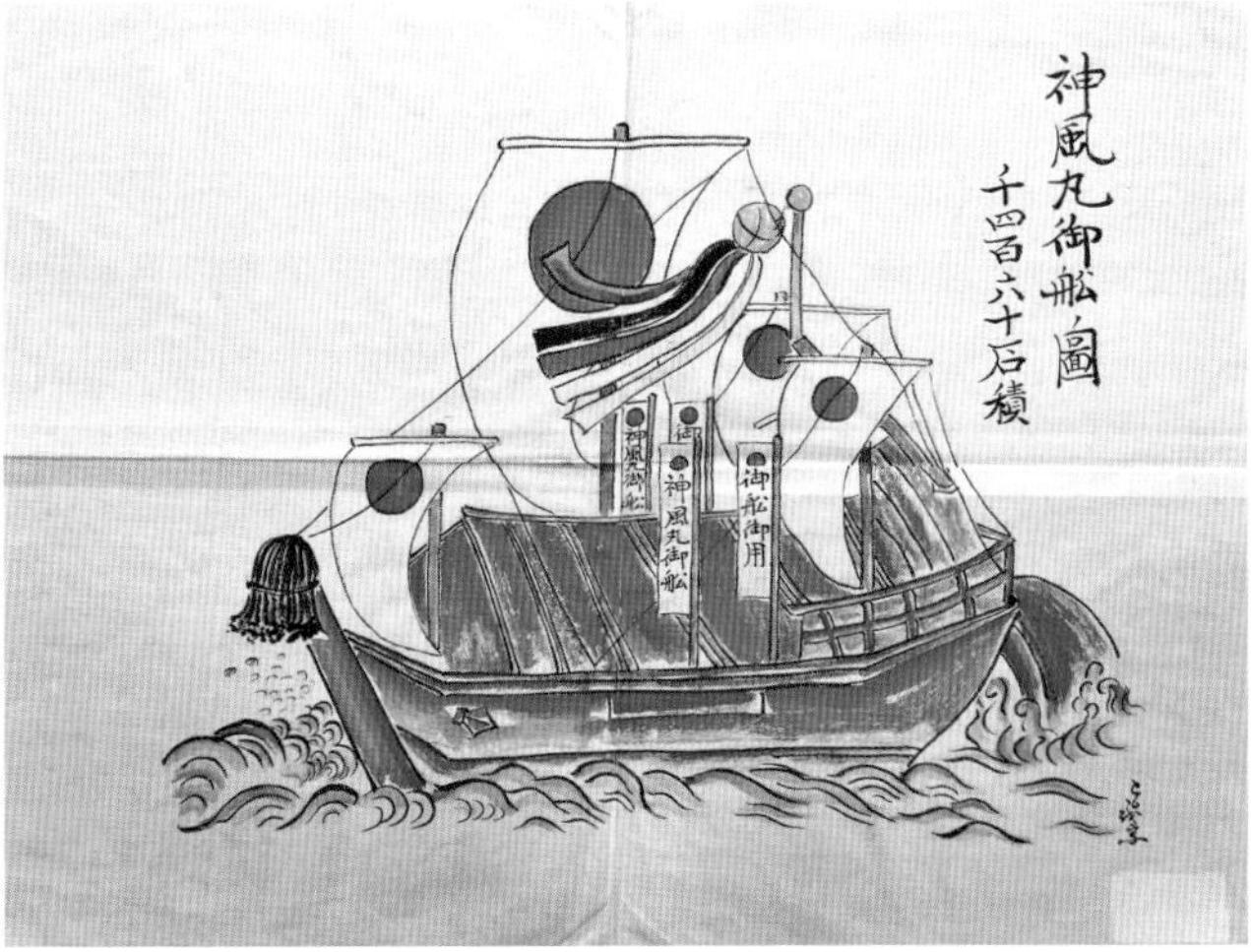

神風丸（大垣友雄模写、函館市中央図書館蔵）

光記』には仁助が政徳丸に乗船したと記されていて、長くそう信じられてきたが、これは羽太の誤解だ。

1799（寛政11）年春、相模国浦賀（神奈川県横須賀市）の湊で仁助の乗る神風丸が完成した。横須賀市自然・文化博物館によると、建造場所は現在の横須賀市東浦賀1丁目付近か旧浦賀ドッグ付近のいずれかという。

船長19間半（約35ｍ）、中央幅6間（同10・8ｍ）、船尾幅4間（同7・2ｍ）、深さ3間（同5・4ｍ）の1460石積（積載重量219トン）。真っ赤に塗られた堂々たる船だった。ここに長さ18間半（約32・4ｍ）の4尺角（約1・2ｍ）の朱塗りの帆柱が4本立ち、横27反、丈14広3尺5寸の大きな帆がついていた。舳先にも2本の帆柱があり、それぞれ長さ1丈5尺、幅3反の帆がついていた。船には長さ6間4尺（12ｍ）、真中幅7尺2寸（2・2ｍ）の伝馬船も積載されていた。

測量隊員の選出

新造された神風丸の船頭は船手頭《ふなてがしら》向井将監配下の130名の同心から選ばれた長川仲右衛門、長蔵長三郎、小野覚五郎の3人。操船にあたる水主は7人。このうち長川は直前まで政徳丸の水主組頭を務めていて、蝦夷地沿岸の海岸地形や潮の流れを熟知していた。

この船に仁助が乗る。

天文学の知識を駆使して船上での天体観測と海岸地形の観測をする。帰りは蝦夷地各地の湊に寄って緯度測量をする。それらの成果を地図にして本州と東蝦夷地を結ぶ安定した外洋航路を拓く、これが与えられた任務だった。

とはいえ、天文方では暦づくりが主な仕事であり、仁助にとって地図づくりは初めてだった。しかもこの時既に54歳。このような重要な仕事を一人で遂行するのは難しいだろう、そう考えた蝦夷地取締御用掛の面々は、「弟子の中から4～5人選んで随行させよ」と指示した。

その際、「このたびの蝦夷地調査は困難を伴うものであり、あるいは事故で命を落とすかもしれない。江戸に戻っても仕官が約束される訳でもない。その旨を弟子たちにしっかり申し伝えるように」と付け加えた。

仁助は天文方の仕事の傍ら、私塾を開いて天文学や暦学、算学などを講義していたらしい。門弟の中から深津小忠太、門弟見習いの木村清蔵と鈴木周助の3人を選び出した。いずれも浪人だった。困難で見返りのない旅だったが3人は承諾した。これに西丸小普請方書役河村粂右衛門の子の五郎八が記録係として加わった。このほか召使が3人。こうして8人の測量隊メンバーが決まった。

　蝦夷地出発を数日後に控えた6月のある日、仁助は江戸城本丸に呼び出され、蝦夷地参政の若年寄立花種周《たねちか》から測量に必要な機材を渡された。

　主に航海の際に太陽の高度を測るオランダ製渾天儀《こんてんぎ》（イスタラビ）、天体の高度観測や山坂の傾斜測定に用いる象限儀《しょうげんぎ》（カトロラント）、遠眼鏡、時計、磁石の5品。いずれも事前に借用を願い出ていたものだった。このほか、長持1棹と、それを覆う萌黄唐草の油単《ゆたん》、荷札、高張提灯、箱提灯が目の前にずらりと並べられた。

　しかしこれだけではまだ不十分だ。仁助はさらに小型の象限儀と渾天儀、天球儀と地球儀、星図鑑、地図などを自前で用意した。

仁助が使用したコンパスと定規（日本学士院蔵）

任命されてから短時間にもかかわらず、彼は蝦夷地調査の準備を整えた。

神風丸出帆

６月27日午後１時過ぎ、仁助ら８人の測量隊員は、築地の本願寺別院（築地本願寺）裏手の河岸で迎えの船の到着を待っていた。

この本願寺、元は浅草御門南（東京都中央区日本橋横山町）にあって、江戸海岸御坊や浜町御坊と呼ばれていた。ところが、１６５７（明暦３）年の明暦大火（振袖火事）で焼けてしまった。この火事では江戸城や大名屋敷、市街地の大半が焼失した。

新たな都市計画では防火に力が置かれ、多くの建物は移転を余儀なくされた。本願寺も旧地での再建が認められず、代わりに与えられた寺地は江戸湾の浅瀬だった。佃島の門信徒らが懸命に埋め立てて土地を築いた。それで「築地」と名がついた。新たに出来た寺は築地御坊と呼ばれ、周囲には墨田川に繋がる掘割が縦横に巡らされ、河岸もつくられた。

本願寺別院裏の河岸に立つ仁助。その前に大きく「御用」と書かれた旗をつけた大茶船と呼ばれる２艘の瀬取船がゆっくり近づいてきて、やがて静かに接岸した。この船で品川沖に停泊している神風丸まで移動するのだ。

はじめに蝦夷地に持っていく大量の荷物が積み込まれ、その後に測量隊が乗船した。さらに船大工の作次郎（伊豆国出身）と蝦夷地での椎茸栽培の可能性を探る役目を託された三右衛門（信濃国出身）、久蔵（遠江国出身）が続いた。

ところが、夕刻になると南風が強くなって船が出せなくなった。やむなく風裏にあたる鉄砲洲の稲荷橋（中央区湊1丁目）に移動。ここに多くの大茶船が集まっていて、風

安藤広重「鉄砲洲築地門跡」（国会図書館デジタルコレクション）

が治まるのを待った。

翌朝、２艘の大茶船は離岸して品川沖に向かった。当時、江戸には千石船などの大型船を直接横付けできる河岸はなかった。現在の東京港品川埠頭から天王洲にかけての一帯は遠浅な海が広がっていて、この海域に大型船を停泊させ、江戸の河岸との間を大茶船が何度も行き来して積み替え作業をしていた。

神風丸の船体は幕府船である証として赤く塗られ、白地に朱の日の丸が躍っていた。五色の吹流が１本、「御舟御用」と書いたのぼりが２本、「神風丸御舟」と書いたのぼりも２本、さらに４つの御用桃燈が船を飾っていた。

津和野藩の御用船とは比べようもなく大きな船に驚く仁助。乗り込んだ一行を長川仲右衛門ら乗組員が出迎えてくれた。「いよいよ出発だ」と意気込む測量隊員。しかし一向に風が吹かない。こうなれば帆船は何も出来ない。やむなく同じ場所で３日過ごした。

第3章　東北地方沿岸を測量

浦賀浦

7月1日午前8時過ぎ、品川沖に停泊していた幕府御用船神風丸が帆をあげた。真北からやや西寄りの方向に台地の上の江戸城の櫓や御殿の甍が見える。

右に本牧《ほんもく》、神奈川、左に上総の山々を眺めながら船はゆっくり進み、やがて走水《はしりみず》沖に達した。「走水」の名が示すようにこの付近は潮の流れが速く、古くから操船の難しいところだった。『日本書紀』景行天皇40年是年条にある「日本武尊《やまとたけるのみこと》の東国遠征の際に暴風に遭ったが、弟橘媛《おとたちばなひめ》が身を投じて海を鎮めた」ところとして有名だ。神風丸は海岸近くに停泊して潮待ちし、翌朝8時頃に浦賀浦（神奈川県横須賀市浦賀）に入った。

奥深く入り組んだ入江が川のように見える浦賀。江戸湾（東京湾）の入り口に位置することから1720（享保5）年に浦賀奉行が置かれ、江戸湾を出入りする船は必ず寄港して船番所で積荷の検査を受けなければならなかった。この地で新造されたばかりの神風丸といえども例外は認められない。

　湾内に停船すると、ほどなく袴羽織姿の船頭世話人や村役人ら４人を乗せた二艘の伝馬船が迎えにきた。仁助一行は天体観測や測量に使う道具とともにその船で上陸した。

　浦賀の市街地は海食崖の下の僅かな平地にあり、廻船問屋や干鰯問屋が軒を連ねていた。路地を歩いて西浦賀の伊勢屋という御用宿へ。

　一行は出航を待つ間に象限儀《しょうげんぎ》を使って緯度の測量を試みようと考えた。

　わが国では長く中国由来の技術によって土地が計測されていた。『出雲国風土記』に主な山の標高や国府と郡家などの距離が記され

歌川広重「山海見立相撲　相模浦賀」（横須賀市自然・人文博物館蔵）

ているのはその一例だ。これが後に「町見術《ちょうけんじゅつ》」という現代の平板測量に近い技術になった。江戸時代、ヨーロッパから新たな測量技術がもたらされ、清水貞徳がそれを規矩術《きくじゅつ》として体系化した。これで土地の高低や距離が分かるようになった。

一方、天体測量は安井算哲が始めた。1678(延宝6)年に江戸麻布で緯度を測定し、1699(元禄12)年に緯度測定の結果をまとめて『天文成象』を著した。その後、関孝和も三角測量に似た交会法という測量方法が開発した(吉澤孝和『量地指南に見る江戸中期の測量術』)。

天文方において先学の知識を学び続けてきた仁助は、測量技術の知識を持っていた。とはいえ、実測経験は必ずしも十分ではない。そこで浦賀奉行所の裏手の広場で門弟とともに観測を試した。「相州浦賀浦　北極出地　凡35度36分」と記録したが、その後地図を製作した際に35度17分と修正した。ちなみに実際の緯度は北緯35度14分だ。

神風丸北上

7月6日、神風丸が浦賀浦を出帆すると、仁助は幾重にも折りたたんであった地図を広げた。縦30×横700㎝の大きな地図の名は『日本海岸地図』という。紀伊半島から下北半島までの主な浦と岬の名が記され、浜は顔料と岩絵の具で薄く着色されている。

主な高山は誇張して絵画的に表現され、沖からよく分かるようにし、沿海航路も書かれていた。

　仁助は遠眼鏡で陸地を観察しながらこの地図と照合。船頭に地名を確認して用意した紙に地形を書き込んでいった。そうして出来たのが『品川より宮古に至る図』という海上観測による地図だ。

　帆船は風上に向かう際にジグザグに進む。三浦半島沖の神風丸は何度も舵をきって前進した。ところが

仁助が参考にした『日本海岸地図』（江戸湾と房総半島）（日本学士院蔵）

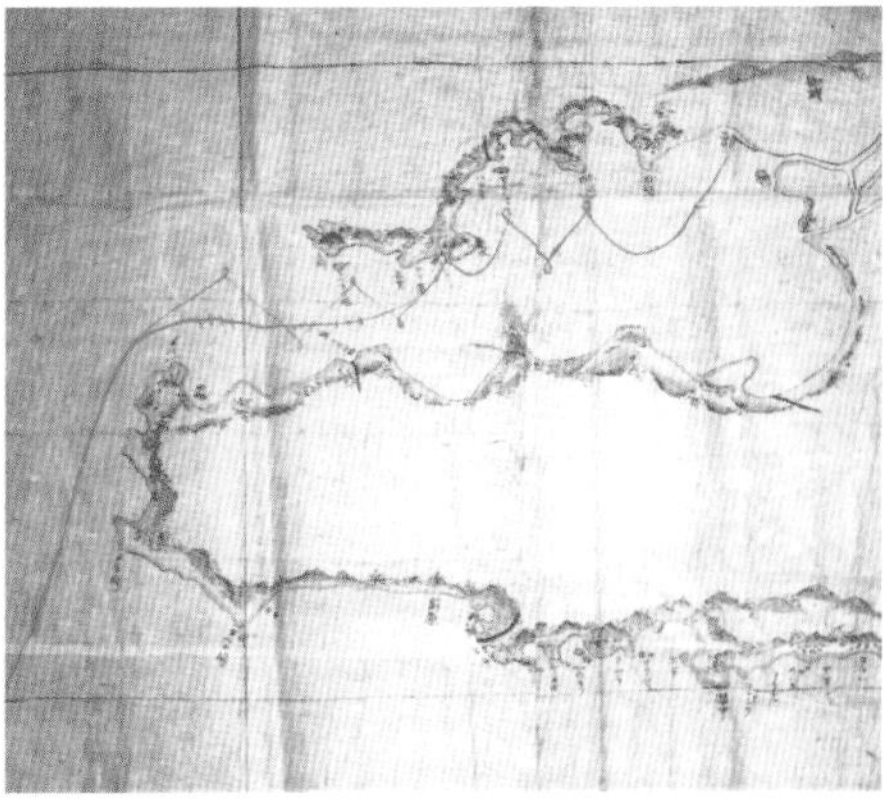

『品川より宮古に至る図』部分（日本学士院蔵）。上図と同じ部分の神風丸の航路が修正跡とともに記されている

地図に書き込む際に弟子が航路をまっすぐに記入した。それを見た仁助はすかさずそれを修正した。

左に上総の天神山、鋸山《のこぎり》、右に三崎、城ケ崎が見えた。船は座礁を防ぐため房総半島南端の野島﨑沖を大きく廻ってはるか沖に出て、それから針路を北に向けた。

翌7日は曇り空。海岸線に沿って北上する船から日蓮が出家・得度した清澄寺《せいちょうじ》のある清澄山が見える。翌日以降は晴れたが海は荒れた。辺り一面の白波に翻弄されながら、難所の犬吠埼沖を越える神風丸。9日になるといよいよ大荒れとなり、風向きもめまぐるしく変わった。それで丸一日前に進めなくなった。

10日、ようやく南風が吹き始め、なんとか鹿島灘を抜け出した。11日には南風と大波が船を後押ししたので、帆を六分ほどあげて加速する。

13日早朝。神風丸は牡鹿半島の西端にある小竹浦（宮城県石巻市小竹浜）の沖に着いた。この地は米穀を運ぶ船の船頭や水主を多く輩出しており、密かに米を運び出すのを防ぐ石改所《こくあらため》が置かれていた。1611（慶長16）年に仙台藩を訪れたイスパニア（スペイン）の探検家セバスチャン・ビスカイノが、伊達政宗の許可を得て沿岸を探検した際に小竹浦を訪れ、「風を受けない水深の深い良港、大型船の停泊可能」と評価した（『ビスカイノ金銀島探検報告』）。仁助が携行した『日本海岸地図』には「舟入」とあり、沿岸航路の寄港地として描かれていた。仙台領と江戸を何度も行き来した経験のある乗員がこの浦への入津を決めたものだろう。

その小竹浦。辺りが明るくなり始めた頃、「幕府御用」の旗をつけた真っ赤な大型船が突然姿を見せた。それを見た村人は急いで番所に走った。知らせを聞いた役人は慌てふためいて３人の村役人とともに小舟を漕いで神風丸までやって来た。

松島を訪ねる

７月13日早朝、牡鹿半島の小竹浦。神風丸に乗りこんできた当地の役人は、周辺の島数や主な湊の位置などを説明して、「いったいなぜ入津されたのでございますか」と尋ねた。船頭の１人が「この船は蝦夷地に向かう幕府御用船である。仙台藩の湊において蝦夷地に運ぶ御用米を積み込むよう事前に手配した筈だが、適切に対処されたい」と話すと、「ここは密かに他国に米を持ち出さないように船を検査する石改所でして米穀の積み出しは致しておりません。藩の指示を仰ぎたく存じますので、返事が届くまでそのまま停泊なさってください」と伝えて浜に戻っていった。どうやら神風丸は立ち寄る湊を間違えたらしい。

やむなく測量隊は終日船上で過ごした。昼は太陽高度を計測し、夜は星の観測をして緯度を算出し、「奥州小竹浦　北極出地　凡38度39分」と記録する。

2日後、藩の役人がやって来て、「東南浦《とうな》に回航のうえ荷積みなさいますように」と伝えた。神風丸は帆をあげて石巻湾を西にゆっくり進み、その日のうちに鳴瀬川河口に近い東南浦（東松島市東名）に入津した。ここは名勝松島の一角。島陰に船を停め、伝馬船で上陸した。仁助と弟子たちは9日ぶりの陸地の感触を喜んだ。

儒学者の林鵞峰《がほう》（春斎）が1643（寛永20）年に刊行した『日本国事跡考』で丹後の天橋立、安芸の宮島と並べて「三処の奇観」と評して以来、松島は「日本三景」の一つとして有名になっていた。測量隊は積み込み作業を待つ間、塩釜神社や富山観音などの旧跡を訪ねながら、松島湾の多島美を堪能した。そして緯度を計測し、「北極出地奥州東南浦　凡38度25分」と記録した。

東南浦では1660俵の米、3百石の塩、蝦夷地で魚油を入れる空樽3百などが積み込まれた。その後思うように風が吹かなかったので、一行は6日間この地で過ごした。

7月22日、船は東南浦を出て石巻に近い小渕湊（石巻市小渕浜）へ移動。仁助は上陸して近くの給分浜《きゅうぶん》にある持福院観音堂に参拝した。

本尊の十一面観音立像は像高約3ｍと大きいのだが、ふくよかで優しい眼をしている。一木彫の古様を伝える鎌倉時代の作という。古くは日高見神社（石巻市桃生町太田）

にあって北方鎮護の像として崇敬されていたが、後にこの地に移されたとの伝承がある。災難よけの菩薩像として有名だったので、仁助は航海の無事を祈願したのかもしれない。「奥州小渕浦　北極出地　凡38度35分」と緯度を記録する。

金華山沖で漂流

7月24日、神風丸は小渕浦を出帆した。ところが沖に出ると霧と雨で何も見えない。強い北風と目まぐるしく変わる潮流に翻弄されて同じところを行ったり来たり。それが3日も続いた。

仁助が作成した『品川より宮古に至る図』には神風丸の航跡が朱線で記されているが、金華山沖では行ったり来たりした航跡が記されている（59頁参照）。思うように進めな

持福院十一面観音像（石巻市教育委員会提供）

い苦悩が現れているようだ。

そのような状況にもかかわらず一行は全く動じない。船の現在地が分かっていた彼らは、風が吹きさえすれば必ず目的地に辿り着けると知っていた。

仁助は小渕浦を出る時、牡鹿半島沖に浮かぶ金華山についていろいろ教えられていた。霧の中から時折姿を見せる島影に心を馳せて記述する。

金華山には弁財天ほか諸神が祀られている。本殿は西向きで真言宗の金花山大金寺という。島内には松や杉の大木が多い。切り立った海岸には松が生え、その景色は素晴らしい。山中に鹿が多くいて人に懐いている。きんこ、ほや、あわびを産出する。

「きんこ」は金色のなまこ。奈良時代の749（天平21）年に陸奥国小田郡から大量の黄金が献上され、鍍金に必要な量の金が確保され、その結果東大寺大仏が完成した。その黄金採掘地は1957（昭和32）年の発掘調査によって宮城県涌谷町黄金山（黄金山産金遺跡）と特定されたが、江戸時代後期には牡鹿半島沖に浮かぶ金華山が有力な候補地だった。金華山周辺の海底には金鉱があり、その金の精が化して「きんこ」になったと信じられ、毎年伊達藩から将軍家に献上されていた。

仁助はこの後に『万葉集』に載る大伴家持の歌「天皇《すめろき》の御代《みよ》栄えむと東《あずま》なる陸奥山《みちのくやま》に黄金《くがね》花咲く」（巻18－4097）を記す。大意は「天皇の御代が繁えるに違いない。陸奥山で黄金の花が咲いているのだから」というところか。仁助も金華山を黄金産出地と信じていたようだ。

金華山付近の漂流（（『品川より宮古に至る図』部分、日本学士院蔵）

江戸時代、内陸を通る奥州街道を行き来する旅人は多く、その沿線の光景を記した道中記は多い。しかし、三陸沿岸の旅行記は、遠山景晋（金四郎）の『続未曽有後記《ぞくみぞうこうき》』ほか僅かしかない。仁助は海岸の景観を簡潔に述べるが、当時の状況が判る貴重なものだ。

神風丸は金華山沖から犬島（江島《えのしま》）などの島影を眺めながら北に進む。29日、また霧が深くなったので女川浦に入って停泊した。仁助は矢川と記すが、女川（牡鹿郡女川町）の誤記と思われる。辺りの山には檜が茂っていた。

三陸沖を北上

女川浦を出た神風丸は、雄勝《おがつ》湾の湾口から広田半島沖を北上した。風が強くなり、3mを超える波も押し寄せる。仁助は揺れる船から海岸を観察して地形と航跡を地図に記し、美しい海岸に感激する。実はこの美しさの裏に深い悲しみがあったのだが、彼は知らなかった。

それは188年前の1611（慶長16）年12月のことだった。

スペイン人ビスカイノを乗せた船が洋上から測量していた。12月2日、通訳のルイス・ソテロや仙台藩の役人、護衛の兵士を乗せた船が盛《さかり》（岩手県大船渡市）を出発して夕方越喜来《おきらい》湾（大船渡市三陸町）に入った時だった。

他の浜では船が近づくと村人が浜に出て来たが、ここでは男も女も山に逃げて行く。高台で手を振って、「来るな、待て」と大声で叫ぶ者もいる。いったい何が起きたのかと困惑していると、背後から４ｍほどの大波が襲い掛かった。

波に翻弄されるビスカイノの船をさらにいくつかの波が合体した巨大な波が襲う。かろうじて転覆を免れたが、２隻の僚船は沈没した。

波は１時間に３度満ち引きを繰り返して村を水浸しにし、引き潮が家や稲わらや住民を海に流した。

しばらくして浜に上陸すると、被災したばかりにかかわらず、村人が私達を出迎えて、残った家に招いて歓待した（蛯名裕一ほか「『ビスカイノ報告』における１６１１年慶長奥州地震津波の記述について」）。

ビスカイノの乗った船の航路。蛯名裕一（2014年）の原図に神由貴加筆・作図

この記録については長年信ぴょう性が疑われてきたが、東日本大震災をきっかけに再検証され、推定M（マグニチュード）８の巨大地震が引き起こした津波の体験談だったと分かった。

その後、仙台藩はサン・ファン号を新造して支倉常長をノビスパン（メキシコ）に送ったが、交易によって津波からの復興をはかったのではないかとする説がある。

三陸沿岸はこれまで何度も津波に襲われてきた。しかし、時間の経過とともにその記憶は消えていった。仁助がこの地を神風丸で通った時、かつての大津波に気付かなかったのもやむを得ないことだった。

仁助の乗る神風丸はやがて南部藩領の唐丹《とうに》湾に達した。ここに源義経の重臣亀井六郎を祀る神社があり、亀井が所持していた笈や破籠《わりご》、瑪瑙《めのう》があると仁助は記す。釜石市唐丹町にある天照御祖《あまてらすみおや》神社境内の亀井大明神を指すものだ。

その日神風丸は美しい海岸線が続く釜石湾に入った。迎えの伝馬船に乗って釜石湊（岩手県釜石市）に上陸し、御用宿に入って緯度を測量。「南部釜石浦　北極出地　凡39度30分」と記録した。

鍬ケ崎湊

南部釜石湊（岩手県釜石市）。神風丸は風待ちのため当地に５日間留まり、８月４日に出帆した。

船は夕方に南部藩の外港として栄えていた宮古浦の鍬ケ崎湊（岩手県宮古市鍬ケ崎）に入った。水深が深く波静かな入江には、藩船や弁財船と呼ばれる廻船が多く停泊していた。１８０６（文化３）年にここを訪ねた遠山景晋は、「幽景このうえなき湊」で、停泊する多くの船は「高い帆柱が森のようだ」と描写したが（『続未曽有後記』）、神風丸が入った時も同じような状態だった。停船すると、仁助は緯度を観測して「南部宮古浦　北極出地　凡39度45分」と記録した。

ほどなく南部藩の役人ら９名が２艘の伝馬船でやって来た。「蝦夷地に行く前に上陸したい」と伝えると、御用宿の日高屋伝次宅に案内された。仁助は賑わう町を「鍬ヶ崎家数凡千軒余」と記す。

予定ではすぐに出発するはずだったが風が吹かない。８月16日と23日には一旦出航したものの、天候が悪化して戻った。結局、神風丸は25日間も宮古に足止めされた。それならばと仁助は湊の周辺を歩き回った。

湊の背後の黒森山は海上交通の目標となっていた。仁助はこの山に心惹かれて登った。山中には幹回り2丈4尺（約7・3m）の檜が4、5本、2丈3尺（約7m）の杉が14、5本など大木を数えて歩く。中腹の黒森山大権現（黒森神社）では源義経主従が納めたとされる『大般若経』や、1365（貞治4）年に源長時が奉納したと記された安泰寺梵鐘を見た。この鐘はその後焼失し、現在は拓本が残るだけだ。

　横山八幡宮（宮古市宮町2丁目）では、宮古の地名由来を教えて貰った。

　その昔、阿波国鳴門の大地が異常に鳴動して止まなかった。それを聞いた横山八幡宮の神官が阿波に出かけて鎮めようとし

鍬ケ崎近くにある浄土ヶ浜（岩手県観光協会提供）

た。

宿に女人が来て酒を勧め、「なぜ遠路はるばる鳴門にお越しになられたのですか」と尋ねたので、神官はその理由を話した。

それを聞いた女人は夜中に出て行ってお祓いをした。翌朝、神官が見に行くと鳴動が止まっていた。宿に戻って女人に「あなたは誰ですか」と聞くと、「私は和泉式部です」と答えた。

翌年、神官が禁裏に参内してこの話を伝えると、天皇が京の「都」と同訓異字の宮古という地名をくださった。

このような内容だった。宮古の由来を和泉式部伝説に求めたもので史実ではない。しかも、阿波の話と宮古地名誕生の話は無理やりこじつけたと思われるものだ。だが仁助は自らの解釈や感想をつけずにそのまま記録する。

他にも歌枕「奥の井」を訪ねたり、磯鶏《そけい》の地名伝説を取材して歩いた。当地の特産を「紺紬、片栗、干し鮑、干なまこ、鉄」と記す。

第4章　幕府直轄地を測る

外洋航路を拓く

宮古鍬ケ崎湊。天体観測によって船の位置を計測しながら蝦夷地のアッケシ（厚岸）へ向かう航海実験の準備が整った。「いよいよ蝦夷地に向かうぞ」と気持ちが昂る調査隊員と船員たち。しかし思ったような風が吹かない。16日と23日には風が出たので湊を出たもののすぐに止んでまた戻った。

8月25日午後4時頃、待望の西風が吹き始めたので、神風丸は3度目の出帆を試みた。六分ほどあげた帆が風を受け、船はどんどん速度を上げていく。たちまち陸も見えなくなり、船を追いかけてきた海鳥も姿を消した。そのまま一気に50里（約200㎞）も進んだと仁助は記録する。

翌日、晴れてはいるが波高く、見渡す限り白波ばかり。高さ2丈（約6ｍ）、幅80～

90間（約150m）ほどの大波が次々に押し寄せ、船を上下に大きく揺らす。この荒潮が一日中続いた。上下左右に揺れる中、測量隊は観測を続けて船の位置と針路を算出した。

8月27日、宮古出航から2日目、陽が高くなった頃、遥か向こうにうっすらと山影が見えてきた。時間が経つにつれてその影は次第に大きくはっきりとしてきた。

翌朝、いよいよ陸地が近づいてくる。江戸を出る時に船に積み込んでいた『蝦夷地地図』を広げると、目的地のアツケシ（厚岸）の手前にある大黒島だと分かった。

午後4時頃、神風丸は大黒島の西側を進み、愛冠《アイカップ》岬を廻ってアツケシ湊に入った。この湊は沖がどれほど時化ていても南に突き出たバラサン岬が風と波を防ぐため波静かで、「東

厚岸湖（右）と厚岸大橋（厚岸町立海事記念館提供）

蝦夷地第一番の大湊」(松田伝十郎『北夷談』)として栄えていた。仁助は船上で緯度を測量し、「アツケシ　北極出地　凡43度22分」と記録した。

宮古から直線距離で450㎞、これを神風丸は約90時間かけて結び、無事航海を終えた。江戸品川沖を発って57日が経っていた。

夕暮れ時、神風丸から伝馬船を降ろして河岸に向かった。上陸すると湊のすぐ傍にある会所(厚岸町湾月1丁目)を訪ね、老中発行の御用証文を見せた。

この会所、それまでは運上屋と呼ばれていたのだが、この年の春に浦川(浦河)より東の東蝦夷地を幕府直轄地とした際に会所と改められ、江戸から派遣された幕吏が滞在していた。ほかに調役1人、下役2人、在住3人、同心2人が公務を執っていた。またアイヌ語の通訳と番人、太郎、与平衛、藤助、勘次、三助、三平など和人の名前で呼ばれているアイヌ人男性が12、3人いた。

松田仁三郎と出会う

アツケシ(厚岸)会所。仁助はここで御小人目付《おこびとめつけ》の松田仁三郎(後に伝十郎と改名)と会った。この時松田は30歳。越後柿崎(新潟県上越市柿崎区)の出身。家の近くの米山峠の道普請の折に人夫にまじって働いていた時、幕吏の大西栄八郎に勤勉ぶりを評価された。仁三郎は大西について江戸に出て、大西の同僚松田伝十郎の養子になった。そして、１７９９（寛政11）年春に蝦夷地取締御用掛の一員に加えられた。

本州と江戸を結ぶ航路開拓のための試乗船の1つに政徳丸が用意されたが、遭難を恐れて誰も手を挙げない。そんな時真っ先に乗員に名乗りを上げたのが仁三郎だった。目付からは「一番槍に等しい」とお褒めの言葉と褒美をもらったという。しかし、運を天に任せた政徳丸の航海は大方の予想通り失敗。大しけに翻弄されて漂流した末にアッケシに辿り着き、ここで航海を打ち切った。

仁助は仁三郎に神風丸の先進的な実験航海の様子を話した。松田は、この時初めて自分の乗った政徳丸の航海の無謀ぶりを知った。「蝦夷地取締御用掛の面々は政徳丸が無事に東蝦夷地に辿り着けるとは思っていなかった、それで蝦夷地の海に慣れていない船員に操船させたのか。自分たちは捨て駒だったのか」、大きな疑義を抱いたとしても不思議ではない。

会所には御普請役の戸田又太夫もいた。この時戸田は26歳。蝦夷地取締御用掛一番立として3月に江戸を発って、下北半島まで歩き、津軽海峡を渡った後、さらに海岸を歩いてアッケシに来ていた。戸田はこの後１８０７（文化４）年にエトロフ島に駐在したが、襲撃してきたロシア兵と闘って退却し、騒動の責任をとって自刃する。

仁助は江戸から持ってきた蝦夷地の地図を広げた。1789（寛政元）年に製作されたと考えられる『東山道陸奥松前千島及方州掌覧之図』や『蝦夷松前図』はじめ複数の地図を編集して作ったものと思われる。しかし、この地図は蝦夷地が東西に細長く描かれ、オホーツク海沿岸はいびつで不正確だった。それに比べれば太平洋岸はある程度実情を反映していて、千島列島と結ぶ複数の航路も書き加えられていた。とはいえ実態とはかなり違っていた。

蝦夷地取締御用掛からの仁助への指示は、「帰りは蝦夷地各地の湊に寄港しながら船上で緯度を計測して江戸に戻れ」というものだったが、蝦夷地取締御用掛の言う通りにしたら正確な蝦夷地の地図を作るのは難しい。幕命に背いてしまうが、帰りは陸路を行くと決めた。仁助の決断に門弟や会所の人々も驚いたに違いない。しかし、強い意志は揺るがなかった。

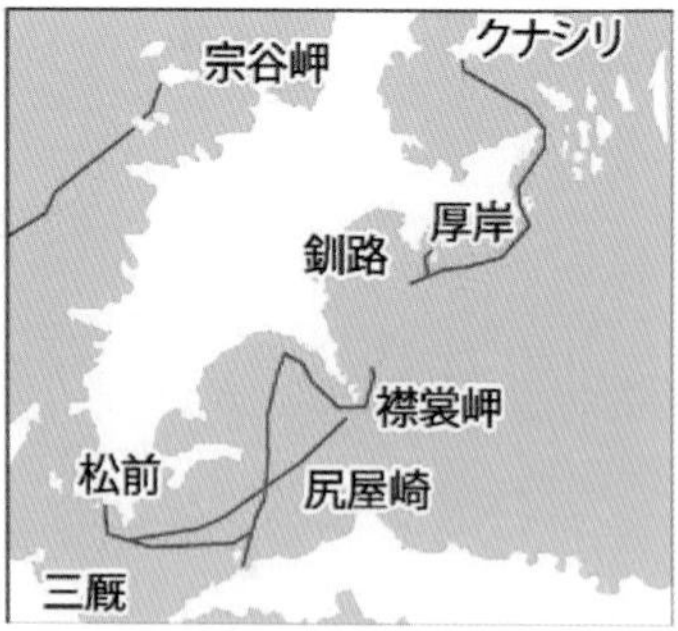

蝦夷地地図（日本学士院蔵）を髙木崇世芝がトレースした図に加筆。赤線は主な航路（神由貴作図）

アツケシを歩く

幕命に背いて「陸路を松前に向かう」と決めた仁助。アツケシに5日間滞在して周辺を歩き廻って景観を観察した。また、案内人を探してこれからの踏査に備えた。

旅宿所の近くにはこの年に建てられたばかりの5軒の番屋があり、北方警備のために南部藩から派遣されてきた番頭、物頭、目付や足軽200人が寝起きしていた。

周辺ではこの年初めて本州から持ち込まれた野菜の栽培が行われていた。「どのようなものを作っているのですか」と尋ねると、「大豆、小豆、粟、稗、大根、唐辛子、煙草、紅花、麻、茄子、ササゲなどを植えています」と教えられた。彼は教わったものを丹念に記録していった。

会所から少し歩くと厚岸湖のほとりに出た。北から砂嘴《さし》が伸び、厚岸湾とは瀬戸で繋がっている。別寒辺牛《べかんべうし》川の水と、太平洋の海水が混ざりあう汽水湖。カキ殻がうず高く積もったカキ礁が多くあるので、かきがら（牡蠣殻）沼と呼ぶアイヌもいた（松田伝十郎『北夷談』）。

カキはこの地の特産として知られ、仁助が訪れる2か月前にこの地を訪れた谷（島田）元旦《げんたん》は1尺（約30㎝）の大きなカキを焼いて食べ、「味わいははなはだ佳なり」（『蝦夷蓋《ふた》開《あけ》日記』）と記している。しかし仁助はカキについては敢えて書かず、「帆立貝沢山これ有り」と記すだけだ。カキの名産地として知られる廿日市育ちの仁助だが、子どもの頃カキに当たった苦い記憶があったのではないかと想像する。ただし、江戸に戻って天文方への報告書を作成した際には、蝦夷地の貝類の項で「牡蠣沢山」と書き足した。

仁助は大神宮（厚岸神社）にも参拝した。この社は１７９１（寛政３）年に最上徳内が創建した後、１７９８年に近藤重蔵が社殿を改修したばかりだった。仁助は「当年大神宮建立」と記すが、この改修工事の竣工を指すものだろう。

結局、神風丸は仁助らを乗せず江戸に戻った。翌年南部藩内で破損したが、改修して如神丸と改名。その後長く蝦夷地御用船として運用された（羽太正養『休明光記』）。

いよいよ蝦夷地の測量が始まる。具体的な測量方法について仁助は書いていないが、準備した道具を見ると、交会法と呼ばれる高い山々の「山たて」

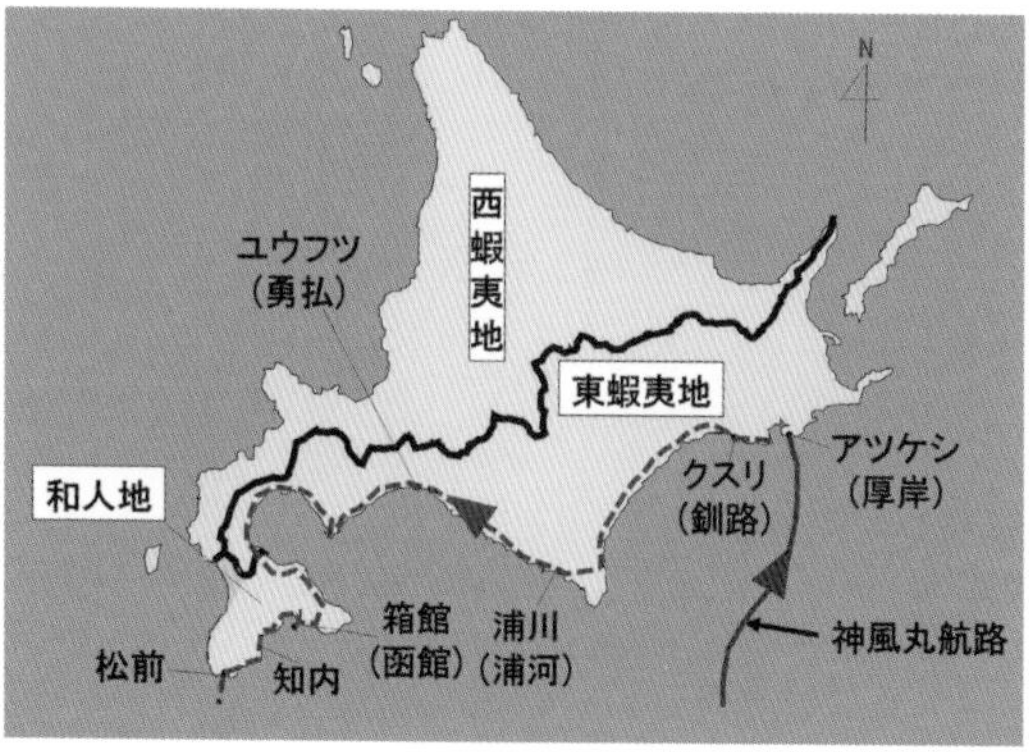

堀田仁助の蝦夷地踏査の経路（神由貴作図）

による観察結果と天体の高度や方位角を測って位置を特定する方法を併用したのは間違いない。その山だが、蝦夷地では『蝦夷地地図』はじめ先行の地図に載る山々を利用したと見られる。

なお、この時期の陸地測量では、一定の歩幅で歩き、複数の人間の歩数の平均値から距離を計算していくという方法をとったのではないかといわれているが、それは平たんで整備された道で可能なものだ。当時の蝦夷地の海岸では引き潮にあわせて岩を飛んだり、急崖を上り下りすることが多かった。泥炭地や砂浜では足がとられて真っすぐ歩くのもままならない。歩測はあくまでも限定的な利用に留まったとすべきだろう。

アッケシからクスリへ

９月５日、仁助がアッケシを出発した。その翌日、松田仁三郎が戸田又太夫とともに箱館に向かう。途中で仁助を追い越して10月３日に箱館に到着。表向きは「アッケシでの公務完了に伴う移動」とされるが、政徳丸の無謀な航海を抗議しようという思いが見え隠れする。

ところが、箱館に到着すると、「このほど日高のミツイシ（三石）から渡島半島南部の知内《しりうち》まで幕府領に追加すると決まった。ついてはアブタ（虻田）に赴任して準備作業をせよ」と新たな指示を受けてそれに従った（松田伝十郎『北夷談』）。怒りをぐっと飲み込んで耐えたのだろう。それが幸いする。松田は１８０８（文化５）年には間宮林蔵とともにカラフトを探検してカラフトが島であることを発見し、４年後にはロシアのゴローニン護送に従事するなど蝦夷地経営のエキスパートとして活躍した。

話を仁助に戻そう。アツケシからセンホウシ（釧路町仙鳳址）へは直線で２里半（約10㎞）の海路。陸路もあるにはあったが、それは断崖下の岩場を通る命懸けの道だった。測量隊８名とアイヌの案内人は危険を避けて海路をとった。図合船と呼ばれる帆の付いた和船とイタオマチプと呼ばれるアイヌの船が用意されていた。一行は分乗して厚岸湾を渡った。

船を降りて弁天社に手を合わせ、コンブムイ（釧路町昆布森）を目指して歩きだす。新道は建設中。やむなく狭く曲がりくねったう回路を通った。傘のような大きな蕗が群生し、ゴボウに似た花葉も生えていた。その先は根笹の生い茂る平原。やがて茅原に変わる。それをかき分けながら歩く。ソンテキ（釧路町跡永賀村初無敵）でようやく海が見え、そこからは崖の上を西に向かった。センホウシからコンブムイまでは直線で約18㎞だが、仁助は12里22町（約50㎞）と記す。起伏に富んだ広大な原野をあちこち回り、３日かけて踏破した。

森を抜け出て海岸に降りるとコンブムイだった。支配人と呼ばれる番人が住む旅宿所に1泊して「コンブムイ　北極出地　凡43度12分」と記録する。

　翌日はクスリ（釧路）まで崖下の砂浜を歩いた。3里14丁（約13km）の道中も歩きにくい難所だった。浜では昆布漁が行われると教えられ、「此辺昆布を取、箱館・松前へ廻す」と書いた。

　ここまでの測量と地形観察の成果が幕府提出の地図に反映される。

　アツケシ湾口には大黒島と小島。湾奥の厚岸湖には複数の川が流入する。善法寺と記されたセンボウシと

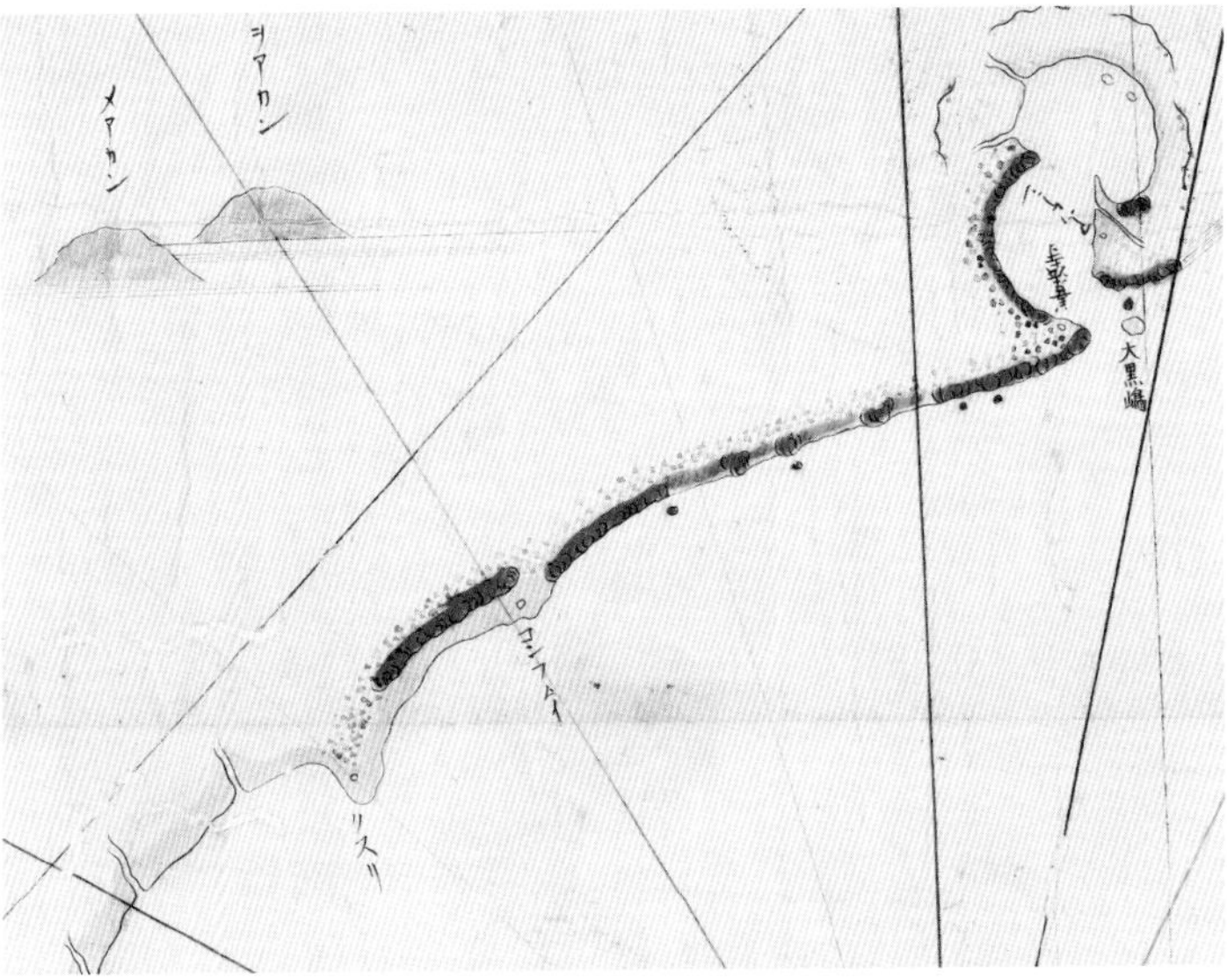

堀田仁助「従江都至東海蝦夷地針路之図（部分）」の厚岸から釧路地域（津和野町郷土館蔵）

コンブムイの間の海岸は、断崖と巨岩そびえる岩石海岸が続き、崖上は森林になっている。コンブムイから先は断崖下に砂浜がある。クスリの北には雄阿寒岳と雌阿寒岳も書かれている。釧路川と阿寒川の河口も記されている。それまでの蝦夷地の地図に比べて精度が格段にあがったのが分かる。

釧路の鳥取

堀田仁助の測量隊がクスリ会所（釧路市南大通8丁目）に着いたのは、9月9日だった。会所では江戸から派遣された御普請方場所掛の竹尾吉十郎のほか、菊地惣内と比企市郎右衛門が事務を執っていた。他にも多くの和人が本州から来ていた。「クスリ　北極出地　凡43度07分」と記録する。

翌朝、小舟でクスリ（釧路）川を渡り、8里（約32km）先のシラヌカ（白糠）を目指した。降り立った先には釧路湿原が広がっていた。

この地で本格的な開拓が始まるのは仁助の踏査から約80年後だ。

１８８４（明治17）年6月、明治になって家禄を失って塗炭の苦しみを味わっていた旧鳥取藩士と家族ら41戸２０７人が新天地を求めてやって来た。彼らは現在のＪＲ根室本線釧路駅付近から西側に区画された土地に入植。これにあわせて辺りは鳥取村と命名された。翌年には64戸306人もそれに続いた。

そこは阿寒川右岸の微高地。北側に釧路湿原が広がり、遠くに阿寒の山々が見える美しい土地だった。しかし、柳が繁茂する痩せた土地で、毎年のように川が氾濫した。冬は長く厳しく、夏もやませと呼ばれる冷たい東風が吹いた。それでも開拓民は懸命の努力を重ねて収穫量を増やしていった。

1920（大正9）年、村の一画で富士製紙が操業を開始する。これを機に農地の住宅地転用が進んで市街地が形成され、大きく発展していった（『鳥取移住百年誌』）。

1891年、故郷を慕う住民は出雲大社を分祀して鳥取神社を創設した。その後1940年には麒麟獅子舞保存会が作られ、1963年からは傘踊りも始まった。さらに1984年には鳥取神社境内に鳥取城をイメージした鳥取百年館も完成。現在も鳥取への憧憬を持ち続ける人が少なくない。しかしながら、

鳥取城をイメージした鳥取百年館（94646＝釧路を知ろう＝提供）

1617（元和3）年に鳥取の鹿野から津和野に移った亀井家ゆかりの仁助が蝦夷地開拓の礎となる地図を製作し、この地開拓の端緒となったと知る人はいない。

仁助は海岸を西に進んだ。ヲタノシキ（釧路市大楽毛）から西は、湿原と太平洋との間に形成された狭い砂地を通った。海と汽水湖を繋ぐ水路（瀬戸）や川が一行の行く手を阻んだ。大きな川では用意された舟を利用したが、小さな川は歩いて渡る。ひたすらそれを繰り返した。

苦しい踏査が続いたが、時には思わぬ感動にも出合った。シャキシウシ（白糠町刺牛）の浜で見たこともない大きな鳥が飛んでいた。アイヌに聞くと「オントン」だという。近世アイヌ語に詳しい佐藤知己は「オントン」は「ヲンネウ」、「ヲン子イ」の誤記の可能性があるという。オジロワシかオオワシのようだ。

八王子千人同心の子弟

東蝦夷地の海岸を歩く測量隊。シャキシウシ（白糠町刺牛）から西に歩き、岬を廻るとシラヌカ（白糠）だった。岩舟観音（後の厳島神社）の鎮座する丘陵を背にして会所があり（白糠町岬1丁目）、その前に湊があった。

会所には交易掛として江戸から赴任したばかりの比企半蔵、内田平四郎、相川平作らがいた。慶助という和名で呼ばれるアイヌもいた。

建物の前には9頭の馬。みな本州から連れて来られたのだという。一行は旅宿所に入って緯度を測る。「シラヌカ　北極出地　凡42度51分」。

ところで、仁助に蝦夷地調査の命が下ったのと同じ3月、八王子千人同心の原半《はん》左《ざ》衛門《えもん》が「同心の次男・三男から選んだ者を農兵として移住させてロシア南下に備えつつ、平時は農業に従事させたい」と幕府に願い出た。

八王子千人同心は、幕府が旧武田家臣団を武蔵国多摩郡周辺に住まわせて甲州口の防備にあたらせたのが始まりだった。槍奉行に所属し、交替で日光東照宮の防火役の任にあたったが、普段は農作業に励んでいた。

蝦夷地取締御用掛は、陸海交通路の整備に重点を置く一方、開発の基礎調査として動

谷元旦が描いたシラヌカ。谷元旦『蝦夷奇勝図巻』1799年＝朝日出版、1973年を転載

植物の生態を調査したが、農業についてはまだ充分な対策を立てていなかった。原の申し出を「時宜にかなった志願」として受け入れ、彼を蝦夷地行役に命じた。

翌年4月に100名が武器と農具を持って蝦夷地に入り、ユウフツ（勇払）（苫小牧市勇払）に50人を残し、本隊50人がシラヌカとその周辺に入植した。翌年にはさらに増員された。シラヌカ入植者は南部藩士とともに対ロシア警備にあたった。新道開削にも従事し、各地の会所建設にも参加。時には遠く離れた択捉島にも遠征した。

彼らはこれほどの仕事をしながら食糧を確保しなければならない。夏も濃霧に包まれる日の多い冷涼な気候。痩せた火山灰台地。懸命に働いてなんとか作物を手に入れたが、冬になると寒さと栄養状態の悪化で壊血病や脚気になる者が続出した。1年間で15名が命を落とし、8名が帰郷した（『白糠・八王子千人同心隊』）。

蝦夷地取締御用掛は、堀田仁助を登用して科学的根拠に基づいた航路を拓こうとしたが、農業に関しては入植者の経験に頼り、十分な支援もしなかった。それが失敗に繋がった。その後、幕府は財政負担軽減を理由に蝦夷地政策を見直し、箱館奉行所の役人を派遣し、同心子弟の駐留を止めた。この地の美しい景観には、幕府に翻弄された人々の苦難が秘められている。

十勝の海岸を歩く

シラヌカ（白糠）を出た測量隊は4里（約16㎞）先のシヤクベツ（釧路市音別町尺別）を目指した。海沿いの丘をいくつも上り下りし、チヤアロウ川（茶路川）を渡り、さらにパシクル沼（馬主来沼）のほとりを歩く。シヤクベツ（尺別）の旅宿所に入ったのは夕暮れだった。

この辺りを尺別原野という。仁助一行がこの地を訪ねた直後、八王子千人同心の子弟が一時居住したが、本格的な入植が始まったのは、約百年後の１８９７（明治30）年に原野一帯が民間に払い下げられてからだ。

１９１８（大正7）年に尺別川上流に炭鉱が開かれ、3年後に本格的な採掘が行われるようになると、多くの人々が全国から集まって来た。根室本線尺別駅から炭鉱まで鉄道が引かれ、駅前には住宅や商店、旅館が建ち並んだ。

しかし、１９７０年に鉱山は閉山。3千人以上いた住民も次々に去った。尺別駅も２０２０年に廃止され、周辺はヨシやスゲの繁茂する仁助が来た時のような原野に戻った。

仁助は8里先のヲホツナイ（豊頃町大津）を目指す。段丘崖の下の砂地と低湿地のほとりを歩き続けて十勝平野に入った。平野というものの、実際には起伏の富んだ丘陵や段差の大きい台地が連続し、海岸には川や湖沼が連なっていた。これを越えてさらに西へ向かう。

トカチ川（十勝川）とヲホツナイ川を舟で渡ると、この日の宿泊地ヲホツナイ。一行は和人の住む旅宿所に入った。

翌日はさらに8里先の洞武井《とうぶい》（当縁）（大樹町美成《びせ》）へ。汽水湖の長節《ちょうぶし》湖と太平洋を結ぶ水路を舟で渡ると海食崖の下の砂浜を歩く。さらにユト沼（涌洞《ゆうどう》沼）、ヲイカヲマ沼（生花苗《おいかなえ》沼）、ホツ

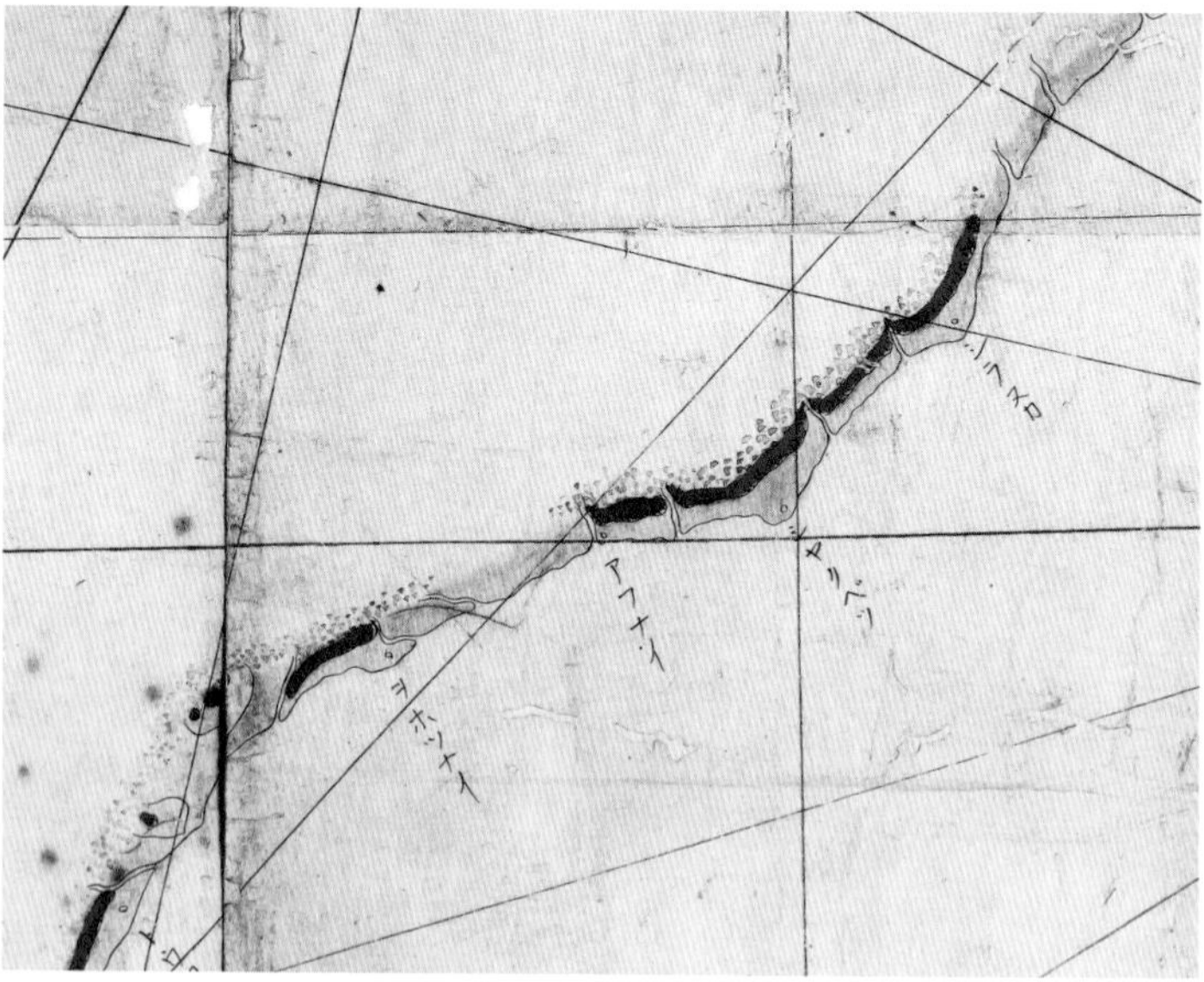

堀田仁助「従江都至東海蝦夷地針路之図」のシラヌカートウブイ部分（津和野町郷土館蔵）

ケヤニ沼など、山陰の神西湖や東郷湖のような汽水湖がこれでもかこれでもかと続く。それらを越えてようやく洞武井にたどり着いた。

この地域を仁助がどのように地図で表現したか見てみよう。

複数の直線は海上航行に必要な方位線と緯線。

シラヌカーシヤクベツ間に２つの川。茶路川と音別川と見られる。海岸段丘の上には森林が広がり、崖下は砂浜として表記される。シヤクベツーヲホツナイ間には４つの川。直別川、厚内川、十勝川、大津川だろう。その西には複数の湖沼がある。湧洞沼と生花苗沼だろうか。海上から眺めた時に判別しやすいようにしているのがこの地図の特徴だ。ただ、シャクベツ原野は太平洋に突き出ているように描かれ、アツナイから西の段丘崖が抜けている。アツナイもアフナイと誤表示されている。これらが踏査時の誤りなのか、地図を作った際の間違いに拠るものかは判らない。

円空仏と「東蝦新道記」

洞武井で１泊した仁助は、翌日７里半（約30㎞）先の美老（広尾）まで歩いた。ほぼ１里おきに現れる川に苦しみながら、十勝平野南西端の美老に着いたのは夕方だった。

美老会所（広尾町会所通）は湊近くの段丘崖の下にあった。江戸から来ていた三浦千

（善）蔵、金橋又吉、田口久次郎らにあいさつし、旅宿所で緯度を計測する。「ビロウ北極出地　凡42度21分」。

会所裏の急崖の上には戸賀知《とかち》明《みょう》神社（十勝神社）があり、境内に小さな仏像を安置する観音堂があった。この仏像、1666（寛文6）年に松前藩家老の蠣崎蔵人《かきざきくろうど》が、6歳の藩主矩広《のりひろ》の健康を願って円空に造って貰い、それを商場知行主として治めていた美老の神社に奉納したものだった（『新広尾町史』）。

円空（1632―1695年）は美濃国（岐阜県）出身の修験僧・仏師。生涯12万体の仏像をつくると発願して、蝦夷地から近畿地方に至る各地を遊行した。若い頃に蝦夷地各地を巡って、あわせて40体以上の像を制作している。この像は蝦夷地に渡って最初に彫ったものとされる（堺比呂志『円空仏と北海道』）。

1846（弘化3）年の火災で神

禅林寺の円空仏（広尾町教育委員会提供）

社が類焼した際にも円空仏は焼失を免れた。１８７５年11月、神仏分離令によって神社にあった仏像・仏具が取り除かれた際、立ち会った人が持ち帰り、その後函館に住む人の手に渡った。１９１４（大正３）年３月、広尾の禅林寺住職が譲り受け、以来この寺に奉安されている。

台座を含む全長は11・１㎝、像高は７・３㎝ととても小さい。顔は朽ちているが、衣文の彫りは荒々しく力強さの感じられる素朴な像だ。

神社には「東蝦新道記《とうかしんどうき》」という版木もあった。これは美老の先のヲツシャリベツ（広尾町音調津）とルウヘスヘツ（広尾町ルベシベツ）間の山中に私費で道を開削した近藤重蔵の功績を称えようと、従者の下野源助（木村謙次）が道路開削のてん末を板に彫って神社に納めたものだ。

「東蝦新道記」の版木。当初のものは腐食したので、1860年に箱館奉行支配調役鈴木重尚が書きなおして彫った

松前への帰途、この地を訪れたが、風雨のため断崖下の磯伝いの道は通行止めとなり、数日間美老に足止めさ

れた。この時最上徳内が新道敷設を提案し、従者の下野源助が指揮して数十名のアイヌの協力を得てルベシベツ－ビタタヌンケ間に三里の山越えの道を拓いた。木を伐って橋を架け、石を砕いて谷に投じて梯子とした。

このように書いてあった。仁助の一行は明日この山道を踏破する。

ルベシベツ山道

十勝の空は晴れ渡っていた。

西を眺めれば南北１２０㎞に及ぶ日高山脈が青く輝く。北側はおだやかな山容の山、南側には端正な三角形の峰がいくつも並び、山裾は50～１００ｍの断崖となって太平洋に落ち込んでいる。

美老（広尾）を出発した堀田仁助らは5里27丁（約23㎞）先のサルヽ（えりも町目黒）に向けて歩き始めた。

海食崖の下には岩礁。波打ち際には大岩がごろごろ。それを登り降りしながらヲツシャリベツ（広尾町音調津《おとしべつ》）へ。ここからは開通まもないルベシベツ山道に入る。

この山道を私費で開削した近藤重蔵は、１７７１（明和８）年に江戸駒込の幕府先手与力の家に生まれた。実は父の右膳（諱は守知）は石見大森銀山附役人の福間（福庭）題右衛門の子どもだが、島根ではほとんど知られていない。縁あって近藤家の養子に入ったが、鉄砲撃ちの名手であるとともに千家茶道に通じた風流人としても名をなした。

子の重蔵は24歳で幕府の学問試験に合格し、長崎奉行手附出役となった後に江戸へ戻る。27歳の時に林述斎《じゅっさい》を通じて公儀に蝦夷地の直轄化を建白。するとこれが採用されて翌年蝦夷地御用を命じられ、蝦夷地視察団の一員となった。最上徳内らとともに国後島を経て択捉島を探検し、7月に「大日本恵登呂府《えとろふ》」の標柱を建てたのは有名な話だ。

その後も1804（文化元）年に西蝦夷地とカラフトの直轄化を老中に建白するなど活

ルベシベツ海岸。ルベシベツ山道は左の崖上の森林に敷設された

躍した。しかし、1826年に長男の富蔵が殺傷事件を起こして近藤家は改易。重蔵は近江国大溝藩分部《わけべ》家預かりとなり、3年後に大溝（高島市大溝）で病没した（谷本晃久『近藤重蔵と近藤富蔵』）。

仁助一行は、日高山脈の鬱蒼たる原生林に足を踏み入れた。新道とは名ばかりで人一人がやっと通れるだけの細い道。「山道甚だまがまがしい」と記録する仁助。よほど辛かったのだろう。そのせいか、山道の入り口に立ててあった「この道を通る人は、一枚の木、一本のヨシでも伐って通りやすくして長く道が維持できるように協力して欲しい」と近藤重蔵が書いた立札について何も記さない。

フキやゴボウが繁茂する森を抜けて急坂を下りると再び海岸に出た。そこがルウヘスヘツ（広尾町ルベシベツ）。浜に建っていた番小屋に入って休息した。

ここからは岩石海岸を南下する。急峻な山から一気に流れ落ちる小さな滝川をいくつも渡ってサルヽ（えりも町目黒）まで進んだ。

波打ち際の道はかなり危険だった筈だが、仁助は「この辺りの海岸景色甚だし」と険しいルベシベツ山道を越えた喜びを吐露する。

猿留山道

えりも町目黒。かつてサルゝと呼ばれていたこの集落を国道３３６号線が通る。１９３４（昭和９）年に開通したが、「まるで黄金を敷き詰められるほど建設に莫大な費用が掛かった」ので黄金道路と呼ばれた。落石防止の覆道が続き、今も激浪の時にはしばしば通行止めとなる。

黄金道路が開通するまで、日高と十勝を往来する旅人の多くは、海岸線を迂回して１７９９（寛政11）年に切り拓かれた猿留山道《さるるさんどう》を始めとする山中の道を通っていた。

猿留山道は幕府による蝦夷地初の官製道路として様似山道とともにこの年の５月に工事が始まった。陣頭指揮を執ったのは大河内善兵衛に指名された最上徳内と中村小市郎の２人だったが、実際には中村が中心となって工事を進めていた。

仁助がここを通ったのは９月中旬。一行はサルゝの番所を出て、出来たばかりの道を登って６里27丁（約26・９㎞）先のホロイツミ（幌泉）を目指した。

踏み分け道のような狭い道がうねるように峠まで続いている。しかも険しい。この道は「蝦夷三険道」の一つといわれたという（北海道えりも町『猿留山道』）。それでも近藤重蔵が私費で切り開いたルベシベツ山道に較べればはるかにましだった。

仁助一行は猿留川を上流に向かって歩く。途中いくつもの清流を渡河した。やがてエゾマツ、トドマツ、ミズナラ、ヒダカゴヨウなどが鬱蒼と茂る森に入り、しばらく登って峠に着いた。

この峠、沼見峠という。眼下に青く輝くのは豊似湖。周囲約1km、最深部の水深約18mのこの堰止湖をアイヌはカムイトウ(神の湖)と呼んでいた。ここを行き来する際、湖を過ぎるまで一切口をきかず、酒餞、木幣を捧げて神霊に供したという(吉田東伍『大日本地名辞書』第8巻)。

原生林に抱かれた湖面の青色は、太古の歴史が醸し出したかのように見える。今もエゾナキウサギが生息する環境は、仁助が通った時とあまり変わらない。

上空から見た豊似湖(ハートレイク)(えりも町教育委員会提供)

仁助が豊似湖を眺めてから200年後、上空から見るときれいなハート形だと気付いた人がいて、札幌の菓子メーカーがCMで紹介した。それ以来、「ハートレイク」と呼ばれるようになった。

峠から周辺の山々や海岸線を眺めながら休息をとった後、ホロイツミ（幌泉）に向って下る。途中で道が二手に分かれていたが、エンルム（襟裳）岬に向かう左の道をとらず、西に進んだ。コロフツ川の河口まで進み、そこから海岸に沿って歩きホロイツミ会所（えりも町字本町）に到着。併設の旅宿所に宿泊した。

様似山道

ホロイツミ（幌泉）からシャマニ（様似）までは7里（約28㎞）。測量隊は途中のホルマヘツ（幌満）まで波打ち際を歩いた。その先は日高山脈のアポイ岳から延びる山塊が海に落ち込んでいて、通過するのは命懸けだった。

この時、崖上の森の中では新道の開削工事が行われていた。様似山道という。

当初工事の指揮を執ったのは最上徳内だった。徳内は蝦夷地での新道敷設の意義を誰よりも知っていた。「粉骨を尽して新道を開らき、永続の御為《おんため》のなしたく」（『蝦夷草紙』）と気持ちを昂《たか》ぶらせ、5月18日に工事に着手した。ところが、それからわずか20日後の

6月8日に事件が起きた。

この日蝦夷地取締御用掛現地司令の松平忠明が工事現場を訪れた。3月24日に江戸を発ち、蝦夷地各地を視察して、様似山道の現場にやって来たのだ。

徳内は緊急時に備えて荷馬が通れる道を造っていたが、その様子を見た忠明は「このように念入りに造る必要はない」とぴしゃりと否定した。これに対して徳内は怒って反論する。「蝦夷地の円滑な通行のためにはどうしても荷馬が通れるだけの道幅が必要です」。蝦夷地を知り尽くした徳内の重い言葉だったが、若い忠明は激怒。その場で「免職じゃ」と告げた（島谷直吉『最上徳内』）。なんと理不尽なことか。徳内は辞表を書いて現場を離れた。徳内が去った後は、中村小市郎が現場指揮を執った。

様似山道の東から歩き始めた仁助。ミズナラやダケカンバなどの広葉樹とトドマツ、アカエゾマツなどの針葉樹が混在する原生林の中の起伏の大きな

冬島。港湾工事に伴って周囲は埋め立てられた

狭い道を進む。途中、大峠や中峠と名付けられた場所を次々に越えた。

山中に大きな作業小屋が建っていて、その先は工事中だった。小市郎は先に猿留山道を完成させ、その後に様似山道を東側から開削していたようだ。西側の道はまだ出来ていなかったので、測量隊は海岸に降りて磯伝いに歩いた。

ブヨヤスヤ（冬島）まで行くと石の門のように大きく穴の開いた岩があった。ホルンフェルスという変成岩の一部が波の力で穴をあけられた「波食洞《はしょくどう》」と考えられている。「高サ十二三間位、横十五間位、其中ニ穴有、二間半位、横三間位」と計測し、簡単な絵を描いた。ブヨヤスヤという地名は、アイヌ語の「プユシュマ（穴の開いた岩）」に由来し、後に冬島と呼ばれるようになったとされる。

今日の目的地シヤマニ（様似）はもうすぐだ。

シヤマニ

ブヨヤスヤ（冬島）を過ぎたあたりから、一行の行く手に太平洋に突き出た岩塊が見えた。それがシヤマニ（様似）のエンルム岬だった。

そこは標高70ｍほどの岩山。元は島だったが、沿岸流によって運ばれた土砂が本土と繋いだ。湊は西に向き、太平洋の風波の影響を受けにくい。しかも松前とアツケシ（厚岸）の中間にあるので東蝦夷地開発の中心と位置付けられ、船と人が集まっていた。

仁助は岬の上に登った。湊の西に親子岩と塩釜ローソク岩が一直線に並ぶ。東には太平洋にせり出したブヨヤスヤ（冬島）とその先の南部岬。北に聳えるのはアポイ岳。「シヤマニ　北極出地　凡42度12分」と記録する。

岬の下の会所（様似町会所町）に長坂忠七郎を訪ねた。この人は職務上の上司にあたる。3月に現地司令の松平忠明に随行して蝦夷地に入り、この地で現場指揮にあたっていた。仁助は「正確な地図を作成するため、当初の命令に背いて帰途陸路をとりました」と長坂に説明して理解を求めた。長坂がそれをどう思ったかは分からない。

会所には中村小市郎もいた。最上徳内が辞めた後、様似山道開削の陣頭に立ったのが小市郎だった。志半ばで現場を離れた徳内は辛かっただろう。しかし、それ以上に残って工事を続けた小市郎はもっと苦しかったに違いない。

シヤマニ湊とエンルム岬（様似町教育委員会提供）

小市郎は下野国（栃木県）出身。2年間シヤマニに勤務した後、1801（寛政13）年にカラフト探検の成果を地図にして間宮林蔵の探検に寄与。1810年に56歳で亡くなった。

　会所の周辺には倉庫・番屋・作事小屋が並んでいた。新築の大きな家や掘貫井戸もあり、本州から運ばれてきた牛馬があちこちに繋がれていた。大工、屋根葺、鍛冶屋、舟大工、杣、豆腐屋などの職人が住み、農業を学び作物を育てるアイヌもいた。さらに多くの南部藩士が歩

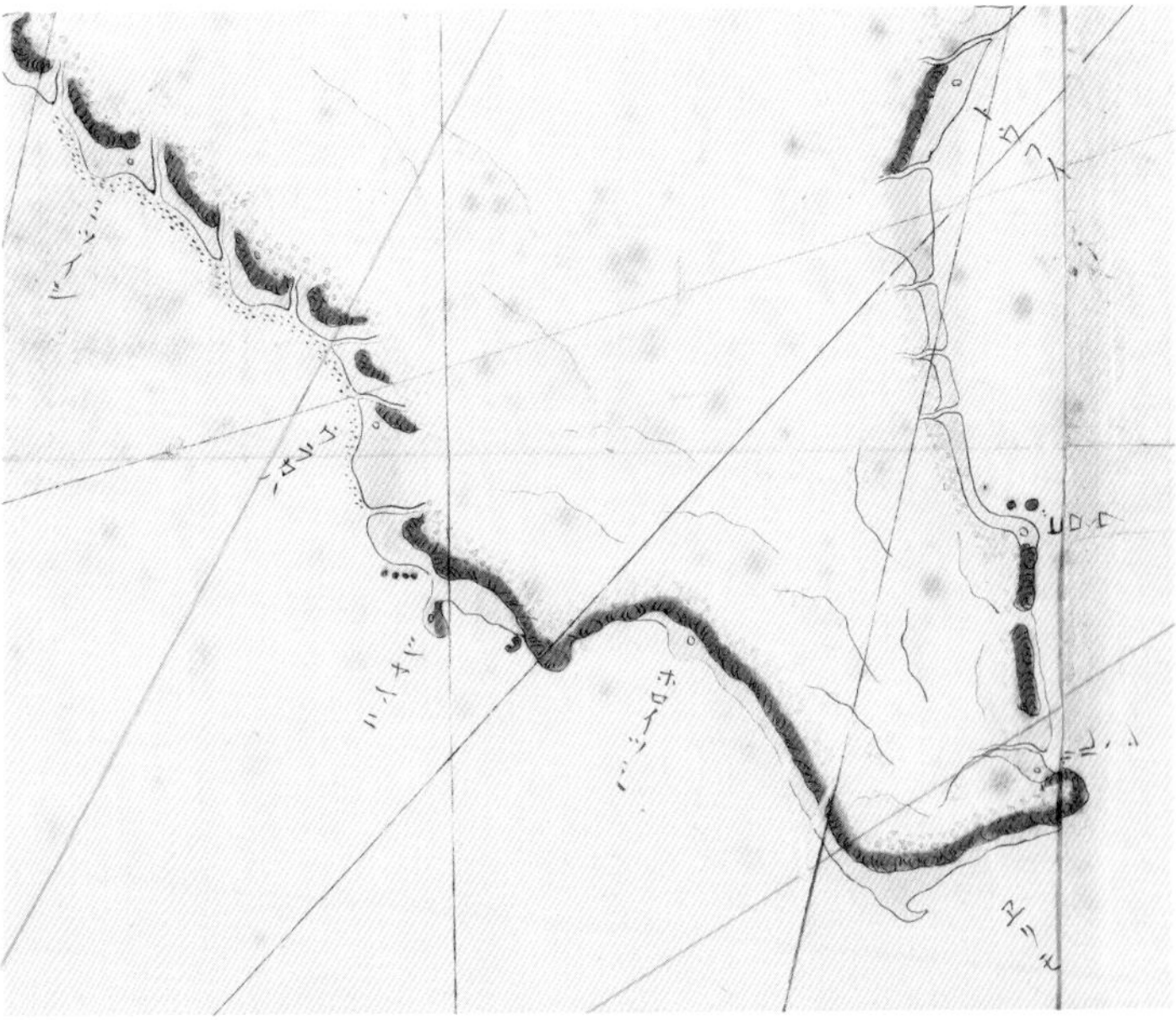

堀田仁助「従江都至東海蝦夷地針路之図」の美老（広尾）―シヤマニ（様似）部分（津和野町郷土館蔵）

いていた。「冬になれば各地で警備にあたっていた者も集まってきます」と教えられて仁助は驚いた。

美老（広尾）―シヤマニ（様似）間について仁助の地図を見てみよう。

美老からサルルにかけては断崖。砂浜はない。1か所崖が途切れているのはルウヘスヘツ（広尾町ルベシベツ）あたりか。サルゝはサルゝンと記され、猿留川の河口が描かれている。

仁助は襟裳岬には行かず遠くから観察しただけだった。襟裳岬について、谷元旦は「海中に所々大岩があり、その形は細長くネズミの尾のようだ」（『蝦夷紀行』）と記すが、仁助も同じように地図で表す。そのため実際とは異なる。シヤマニ湊西側の複数の岩は正しく描かれている。

浦川の熊退治

シヤマニを出た測量隊は3里半（約14㎞）の道を歩いて浦川（浦河）に着いた。

浦川会所（浦河町大通り3丁目）にも、仁助の上司にあたる蝦夷地御用掛が江戸から赴任していた。村上三郎右衛門という。村上は3月に江戸を発ち、松前から陸路を東に向かい、この地に留まって指揮を執っていた。仁助はここでも陸路を松前に向かう理由を説明したと思われる。

浦川にも大勢の武士が集まっていたが、それまでに会った南部藩士とは言葉が全く違う。辺りにいた人に尋ねると、「ここから西は津軽藩士が警護にあたっております」と教えられて納得した。

ところで、仁助のやって来る3か月前の6月29日、ヒグマが海岸を徘徊して住民を襲った。

ヒグマ出現の知らせを受けた村上は、会所にいた細見権十郎と西村常蔵に駆除を命じた。7月1日、二人は津軽家勤番鉄砲足軽4人、アイヌ4人とともに山中に分け入り、熊を見つけて追跡したものの見失ってしまう。

7日、探索中の彼らの前に突然熊が姿を現して、権十郎めがけて飛びかかった。権十郎は咄嗟に刀を抜いて熊の喉を突いた。傷ついた熊は、今度は常蔵に襲い掛かる。常蔵も刀を抜いて目から口にかけて切りつけた。そこに足軽が鉄砲を撃って倒した。なんと9尺7寸余（約3ｍ）の巨熊だった。

ヒグマ退治の話は、江戸に戻った現地司令の松平忠明から幕閣に伝えられた。その結果、江戸に帰った権十郎は勘定役、常蔵は普請役に昇進した（『休明光記』）。仁助が浦川を訪ねた時、細見らは一足違いで江戸に向かった後で会えなかった。

浦川には寺社があると仁助は記録する。このうち神社は1669（寛文9）年建立と伝える金刀比羅大権現（後の浦河神社）を指すと見られる。なお同社にある算額は、北海道に現存する最古のものだ。南部藩ゆかりの人物が献上したものらしい。

仁助は「ウラカワ　北極出地　凡42度29分」と記す。

北海道最古の算額のある浦河神社

第5章　ミツイシから松前までを測る

ニイカップの源義経伝説

広大な東蝦夷地のうち、浦川から東はこの年の正月に幕府直轄地（仮上知）となっていた。仁助はアツケシで「残りの浦川から知内までが幕府直轄地となるのは10月下旬からだ」と教えられていたが、実際には違っていた。

幕府役人が頻繁に松前藩領との間を往復するのは難儀だという理由で、松前藩は浦川から西の領域も幕府直轄地に追加（追上知）するように6月に出願。8月12日にそれが受け入れられ、9月11日にはこの領域が幕府支配勘定奉行富山元十郎に引き継がれていた（『休明光記』）。測量隊がこの地を訪れた時は、既に幕府直轄領になっていた。

ただ現地ではその通達が十分伝わっていなかったようだ。ニイカップでは運上屋という従来の名称がそのまま使われていた。その先も特に変化は感じられなかった。一行は運上屋に置かれた旅宿所に泊まりながら踏査を続けた。

海岸に沿った道は平坦で歩きやすい。大きな川には舟が用意されていた。これにより一行の歩くスピードがあがった。

この日、彼らは浦川から5里20丁（約22・2キロ）先のミツイシ（新ひだか町三石本町）まで進み、「ミツイシ　北極出地　凡42度31分」と記録した。

ミツイシ（三石）の先は6里（約24㎞）西のニイカップ（新冠）。ヲワブ川（三石川）、ブツシ川（布辻川）、シビチャレ川（静内川）を徒歩や舟で渡り、ニイカップ川（新冠川）まで来ると、対岸に巨大な岩山が聳えていた。岩山の上に源義経が館を建てたというので判官館と呼ばれていた。

義経は奥州平泉の衣川館で最期を遂げたが、実は密かに脱出して北行し、蝦夷地に逃れたという伝説がある。その原型は室町時代の『御伽草子《おとぎぞうし》』。若き義経が蝦夷地に渡ってさまざまな怪異を体験するという物語だ。江戸時代には林羅山が『続本朝通鑑《ぞくほんちょうつがん》』

源義経伝説のある判官館の岩山

で義経が蝦夷地に逃れたと書いたが、根拠は示されなかった。これがアイヌの人々が伝えてきた村を守る神がいるという聖地伝説と結びついて、各地に義経ゆかりの伝説が創られたと見られる。

仁助が訪れた時、ニイカップの運上屋は判官館の東麓にあったが（新冠町高江）、その後会所と改められ判官館の西麓に移る。仁助の訪問から9年後に書かれた『東蝦夷地各場所様子大概書』には、支配人のほか6人の番人がいたとある。さらに渡し船や漁船、井戸、板蔵2つ、宿3カ所、馬小屋、弁天社などがあったという。

明治時代になるとこの地に新冠御料牧場が置かれ、太平洋戦争の後に一般解放された。1948（昭和23）年に新冠町軽種馬生産振興会が設立されてから競馬馬の生産が盛んになった。「サラブレッドの故郷」として有名な町だが、仁助が訪ねた時には本州から連れて来られた僅かばかりの馬が繋がれているだけだった。

仁助は運上屋の背後の急崖を登って判官館の上に立った。太平洋を眺めながら、「神風丸が出航した宮古は南南東、下北半島の尻屋崎と大畑は南、松前と駒ヶ岳は南南西」と方位を計測した。

翌日は6里（約24㎞）先のサル（沙流）まで歩いた。起伏も少なく、これまでとは比べようもなく歩き易い。いくつかの川を渡って門別町シノダイ付近にあったサルの運上屋に着いた。
その先のユウフツ(勇払)までの8里(約32㌔)も平坦な道だった。昼はムカプト(鵡川)で休憩し、さらに西を目指した。このあたりの山塊は、2018（平成30）年9月6日の北海道胆振東部地震で土砂崩落。今も痕跡がむき出しの山肌がいたるところに残っている。

勇払原野

堀田仁助と測量隊員はアツマ川（厚真川）を小舟で渡った。その先に広がるのは広大な勇払原野だ。海岸に沿って発達した砂嘴の内側の低湿地帯が乾燥して大平原が出来た。中央には多くの渡り鳥が飛来するウトナイ湖がある。仁助は原野の規模を20里余（約80㎞）四方と記すが実際にはそこまで広くはない。現在は約3万6千ヘクタールほどが残る。

原野を流れるのは勇払川。川を遡ると千歳川を経て石狩平野に出る。それでユウフツは交通の要衝と捉えられていた。勇払川の西岸にユウフツ会所跡（苫小牧市勇払）の石碑が建つが、仁助が訪れた時の運上屋は川の東岸にあった。

この地にはシラヌカ（白糠）と同様、仁助が踏査した翌年に八王子千人同心の子弟が入植した。原半左衛門の弟新助を副士として50人がこの地に入り、翌年にはさらに15人が加わった。しかし、低湿地は農耕に向かず、警備の本陣と交易関係者を残して、多くはムカプト（鵡川）に移った。

千人同心の河西祐助は、幕吏見習いとして妻の梅と幼子を連れ、原新助に同道してユウフツに入った。梅は翌年女児を出産したが、２人の幼子を残して25歳で亡くなった。しばらくして、雨の夜に泣きながら家々の戸を叩き、「お乳を恵んで下さい」と呼ぶ声がし、戸を開けると赤児を抱いた女性が墓地の方へ消えていった、こんな話が伝わっている。全国各地にある「幽霊子育て」の話に似ているが、子を思う母親の悲しさが伝わってくる説話だ。近くの勇払開拓史跡公園にはこの地で亡くなった同心子弟と梅の墓がある。

仁助の測量隊はユウフツで一泊してさらに９里（約36㎞）西のシラヲイ（白老）へ向かった。雄大なタロマエ（樽前）岳を背景に平原が続き、歩けども歩けども景色は変わらない。ここを通るＪＲ室蘭本線の沼ノ端─白老間は国内最長の直線区間として知られ、20分ほどまっすぐに走る。仁助はここを丸１日かけて踏破した。

この地域を仁助がどのように地図で表現したか見てみよう。

ニイカップ周辺は崖と砂浜が続き、崖上は森になっている。サル付近は太平洋に突き出ているように表現され、実際の地形と異なる。恐らくシノダイ岬を観察した際に誤認したのだろう。

ユウフツ（勇払）までは4本の川。東から順に日高門別川、沙流川、鵡川、厚真川と見られる川の河口が描かれている。ユウフツの運上所はユウフツ川の東岸にある。

ユウフツとシラヲイの間は4つの川の河口。さらにその先には3つの川の河口が描かれている。地図の北西方向にタロマエ（樽前）岳が誇張されて絵画的に表記されている。

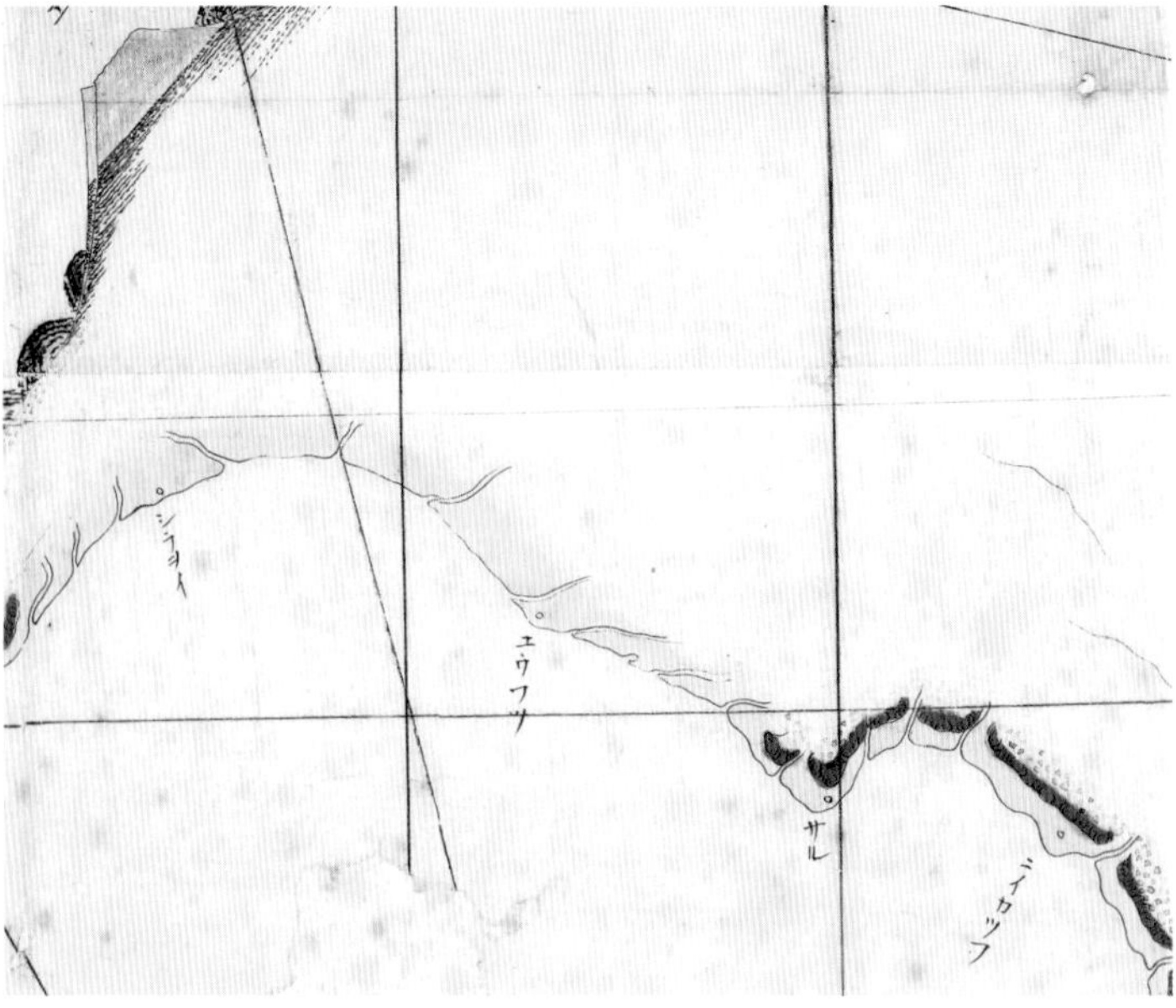

堀田仁助「従江都至東海蝦夷地針路之図」のミツイシ（三石）ーシラヲイ（白老）部分（津和野町郷土館蔵）。左上の山がタロマエ岳

蝦夷地の妙好人《みょうこうにん》

堀田仁助がユウフツの運上屋を訪ねた時に会ったと思われる商人がいる。ユウフツ場所の支配人をしていた山田屋文右衛門（８代）だ。松前の僧侶象王《ぞうおう》が幕末に著した『新続妙好人伝』にこの人の言行が載る。

妙好人というのは、いかなる苦難にもめげず阿弥陀如来への感謝の思いを持ち続け、ひたすら念仏を称え続けた浄土真宗の門信徒を指す。18世紀に石見国邑智郡市木村（島根県邑南町市木）の浄泉寺住職仰誓《ごうせい》が使ったのが始まりだ。仰誓は『親聞《しんもん》妙好人伝』と『妙好人伝』を著したが、この本に強い影響を受けた松前の象王は、自ら見聞きした門信徒の言行を『続妙好人伝』として著した。そこに次のような文章が載る。

能登（石川県）出身の文右衛門は、若い頃に蝦夷地に渡って松前の商家に奉公した。40歳過ぎに分家・独立して、蝦夷地各地で商売に精を出した。

ある年、東蝦夷地で天然痘が流行した。アイヌの人々は、感染者だけを残して深山に潜み、しばらくして家に戻ると、遺骸とともに使用していた衣類や日用品一切を焼却した。そんな中、文右衛門は病人を手厚く看病して薬を投与した。これによって１００人以上の感染者が助かった。

　文右衛門は信心深く、蝦夷地に仏法を伝えたいと考えた。丁寧に親切に話す文右衛門に人々は心を開き、次第に念仏を称える者が現れた（大系真宗史料）。


　天然痘、実は和人が蝦夷地に持ち込んだ伝染病だった。感染のリスクを恐れず患者と向き合った文右衛門に多くの人が感謝したが、数十年後に再び大流行してアイヌの人口が減少。事態を重く見た幕府は２人の医師を派遣して種痘を施する。

　文右衛門は、１８２１（文政４）年にユウフツ場所の請負人となり、翌年には沙流場所を、１８２８年にはアツケシ場所の経営も請け負った。この間、各地で荷車が通れる道を私費で開削するなど社会貢献に尽力した。

　厚岸町の国泰寺には、文右衛門が植えたと

1856年、蝦夷地に天然痘が大流行した際、平澤屏山《びょうざん》がアイヌの人々の困窮ぶりを描いた『ゑぞ人うゑほうそう之図』。函館市中央図書館蔵。

いうオオヤマザクラの古木がある。1830年に本堂と庫裡を修復した際に、文右衛門が奥州石巻（宮城県石巻市）から船で運んできて植えたのだという。高さ約10m、幹周約3m。春には淡紅色の花をつける。

仁助が蝦夷地を測量調査した時、文右衛門は35歳だった（ロバートG・フラーシュ『蝦夷地場所請負人』）。仁助と文右衛門。2人がどのような会話をしたのか興味深いが、それを記した史料は残っていない。

シラヲイ

測量隊は砂浜を西に進んだ。マコマエ川（苫小牧川）、コイトエイ川（小糸魚川）は舟、それ以外の川は徒歩で渡って、その日のうちにシラヲイ（白老）に着いた。運上屋は白老川河口近く、砂丘と低湿地が広がる白老町高砂町3丁目付近にあった。仁助はここで緯度を計測して「シラヲイ　北極出地　凡42度59分」と記す。

幕府の蝦夷地取締方御用掛はアイヌの同化政策をとり、アイヌ語の使用を認めないと決めた。しかし、仁助は積極的に彼らの言葉を学んで記録した。幕末に何度も東蝦夷地を踏査した松浦武四郎も仁助同様の姿勢をとった。しかし、彼らは少数派に過ぎない。先住民に対するいわれなき差別は根強く、明治以降も長く続いた。

大正時代、この地に住む人が「アイヌ文化を正しく理解して貰おう」と語り部となって訪問客の前に立つとともに織物や木製品を販売した。これが評判となって多くの観光客が本州から訪れた。

１９６５（昭和40）年には「森と湖のポロト白老アイヌコタン」がオープンし、アイヌ民族博物館が開館。湖畔に建つチセと呼ばれる復元家屋とその周辺では、古くからの風習や年中行事の解説や伝統舞踊が披露された。これによりさらに多くの人々が集まった。ただ、それが観光客にステレオタイプのアイヌ像を植え付けた側面も否めない。また、アイヌ民族への差別も無くならなかった。

２００７（平成19）年に国連総会で「先住民族の権利に関する国際連合宣言」が採択され、翌年には衆参両院で「アイヌ民族を先住民族とすることを求める決議」が全会一致で

ウポポイで演じられるイヨマンテリムセ（熊の霊送りの踊り）

採択された。このような経過を経て、2020年7月12日、それまでの施設を発展させた民族共生象徴空間「ウポポイ」が開場した。

ポロト湖畔に建つ国立アイヌ民族博物館。展示室で来場者に対応する係員はコンシェルジュのように接する。週辺の施設では「体感して共鳴して貰いたい」という願いを込めて様々なイベントが展開されている。

ウポポイの近くには仙台藩白老元陣屋跡がある。1856（安政3）年、シラヲイから東の東蝦夷地一帯の守備を命じられた。仙台藩は堀と土塁で囲まれた曲輪の中に陣屋を築き、120名の仙台藩士が駐屯した。彼らは郷里の塩釜神社を勧請して自分たちの精神文化を大切にする一方、アイヌ文化を理解し、先住民と融和しようと努めたという。その姿勢は仁助や松浦に通じるものがあるように思われる。

1868年の戊辰戦争の際に藩士は仙台に引き揚げた。陣屋跡の資料館を訪ねると、歴史の流れに翻弄された人々の悲哀が伝わってくる。

シラヲイからモルランへ

シラヲイ（白老）を出た仁助一行は、7里（約28㌔）先のホロベツ（登別市幌別）を目指した。シラヲイ（白老）川は用意されていた舟で渡り、続くシキブ（敷生《しきう》）川は徒歩で渡る。その先のメップ川はまた舟で渡河。舟を降りた先には栗の木が繁茂していた。続くヲモン川を舟で越えると今度はヌップル川（登別川）。

川の手前に追分があって、「右下蝦夷地道　左登別硫黄山」と記された道標が建っていた。硫黄山というのは、登別温泉の泉源の1つである地獄谷を指すとみられる。地元の研究者によれば、この追分の場所は登別本町2丁目付近の可能性が高いという。

近くの登別小学校の前に知里眞志保《ちりましほ》の顕彰碑が建つ。登別出身の眞志保はアイヌ語研究に生涯を捧げ、アイヌ研究の誤りを糾すとともに差別に抗議し続け、アイヌ民族の精神的支柱となった。

碑には「銀のしずく降れ降れまわりに」という言葉が刻まれている。眞志保の姉の知里幸恵《ゆきえ》がアイヌの口承叙事詩を日本語に訳した『アイヌ神謡集』の一節が元の文章だ（幸恵は「降る降るまわりに」と記した）。あらゆるものを神と敬い、自然の中に生きる喜びを描いた美しい詩。幸恵はアイヌ文化の魅力を伝えようとしたが心臓病のため19歳で亡く

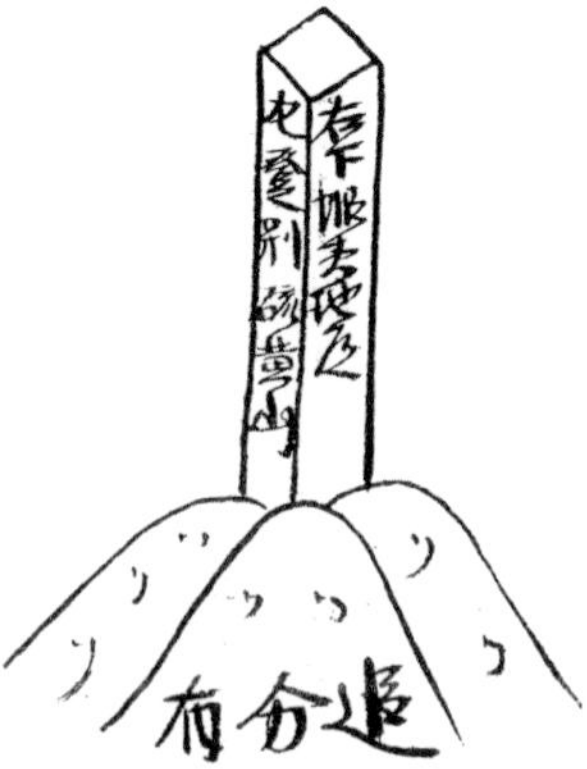

堀田仁助『幻空雑記』に載るヌップルベツ（登別）の道標の絵

なった。

仁助はその日ホロベツ（幌別）の運上屋（登別市幌別町1丁目付近）に着いた。ここには松前藩の役人が詰めていた。名前は分からない。一行は隣接の旅宿所に宿泊し、翌日5里（約20㎞）先のモルラン（室蘭）を目指す。川を舟で渡り、山すそに広がる湿地と砂浜を歩いた。

やがて、屏風のように聳える高さ100m以上の海食崖が見えてきた。絵鞆《えとも》半島だ。元は島だったが、沿岸流に運ばれた砂が本土と繋いだ。半島の西側から南側にかけて山塊が続き、北側に穏やかな入江が広がっている。

室蘭の歴史に詳しい井口利夫と室蘭市民俗資料館（とんてん館）によると、仁助は半島の付け根を東西に通る「モルラン道」を歩いたと思われるという。標高100mほどの丘陵が木の根のようにいくつも延び、その間に谷が刻まれている。熊笹が生い茂る丘と谷を上り下りした先がワノシ（輪西）だった。

この時、絵鞆半島が太平洋の波浪から湾を守るように見えたので、仁助は「やがて東蝦夷地一番の大湊になるに違いない」とその後の発展を予告する。入江を眺めながら一行はモルラン運上屋（室蘭市崎守町）まで歩いた。そこには松前藩の勤番役人土屋仲右衛門が詰めていた。

モルランとブロートン

モルラン（室蘭）の西に広がる内浦湾。仁助がこの地を訪れる3年前の1796（寛政8）年秋、イギリスの探検家ブロートンの乗ったプロビデンス号（約400トン）が来航した。秋月俊幸の研究成果に拠ってブロートン来訪を紹介したい。

英政府の命を受けたブロートンはイギリスのプリマス港を出航し、南米大陸を廻ってオーストラリアへ。そこから北東に針路をとってアメリカ西海岸に到達し、この海域の測量をしようとしたが、既に同国人のバンクーバーが来ていたと知り、行き先を日本近海に変更した。

6月にカリフォルニアを出発。ハワイを経て2か月後に三陸沖に到達。さらに北上して内浦湾に入った。アブタ（洞爺湖町虻田）沖に停泊して、船に薪や水を積み込む一方、天体測量をして船の位置を明らかにした。

その後、水路の測量をしながらエトモ（室蘭市絵鞆町）沖に移動し、2週間ほど停泊して船の修理をした。この時、円形の内浦湾を取り囲む駒ヶ岳や有珠山などの火山が噴煙をあげているのを見て、湾全体が巨大火山のカルデラだと誤認して噴火湾（ボルケイノ・ベイ）と名付けた。

異国船来航の知らせを受けた松前藩はすぐに藩士を派遣した。彼らは日本の北方地図の模写を贈り、ブロートンはキャプテン・クックの航跡を図示した世界地図を贈った。ブロートンはその後測量しながら千島列島を北上し、ウルップ水道で南に向きを変えて中国大陸のマカオに達した。

翌年4月、ブロートンはマカオを出て再び蝦夷地を目指したが、沖縄宮古島近くの八重干瀬《やえびし》でプロビデンス号が座礁・沈没。僚船の小型帆船に移ってマカオに戻った。そして、6月にその船で再度日本に向かい、2か月後にエトモを訪れた。薪水を補給して出帆。津軽海峡を抜けて日本海を北上し、カラフト沖までの沿岸を測量した（『日本北辺の探検と地図の歴史』）。

絵鞆臨海公園のプロビレンス号像

当時、幕府は南下するロシアへ不安を抱いていたが、ブロートン来航によっていよいよ外国の接近に危機感を募らせ、蝦夷地の直接経営と警備に乗り出した。1798年に

180名もの大調査隊を蝦夷地に派遣し、その報告をもってこの年に東蝦夷地と南千島を幕府直轄地とした。仁助への地図作成の命令は、このような過程で出されたものだった。もし、ブロートンの蝦夷地来航がなければ、仁助の調査と地図製作はなかった。

有珠の善光寺

測量隊は、モルラン（室蘭）を出てさらに西を目指した。この日は3年前に英国人探検家ブロートンが上陸したアフタ（虻田）まで歩いた。そこまでの6里（約24㎞）の道の大半は古い砂丘の上を通っていた。途中いくつか小さな川を渡ったが、歩きやすい道だった。しかも行く手には蝦夷富士と呼ばれる秀麗なシリベシ岳（羊蹄山）が見えている。仁助は「此辺景色甚《はなはだ》し」と記録する。

川幅の広い長流《おさる》川を歩いて渡り、太平洋に突き出た2つの岬を越えた先に有珠湾があった。有珠山の噴火に伴う岩屑が湾のあちこちに積もっている。ちなみに、仁助の8年前にこの地を訪れた三河国（愛知県）出身の博物学者・菅江真澄《すがえますみ》は松島や象潟《きさかた》に似ていると記した（『蝦夷迺手布利《えぞのてぶり》』）。仁助はそのような湾内を小舟で渡ったが、浅くて水底が透けているので沼だと勘違いした。

舟を降りて坂を上ると善光寺という小さな寺があった。寺伝では平安時代に円仁（慈覚大師）が創建したとあるが、松前藩祖慶広が阿弥陀如来を安置するために小堂を建てた1613（慶長18）年を実質的な創始とすべきだろう。

仁助訪問から5年後、幕府は南下するロシアへの牽制、アイヌの人々への布教、内地からやってき人々が亡くなった際の供養などのため、「蝦夷三官寺」としてアッケシ（厚岸）の国泰寺、シヤマニ（様似）の等澍《とうじゅ》院とともに善光寺を整備した。その折、善光寺はそれまでの寺地では狭いため現在地に移転した。

仁助が訪ねたのは移転前の寺だ。菅江は、2間四方の小堂があって、そこに円空が彫った仏像2体と、津軽今別（青森県今別町）の僧貞伝がこの地で作った阿弥陀如来像があり、近くの小祠にも円空の作った仏像があったと書く（『同上』）。仁助も同じものを見て手を合わせたと思われる。

現在、宝物館には、円空仏とともに朝廷から贈られた綸旨《りんし》や江戸の増上寺から贈られた任命書、潜伏キリシタンの遺物という織部灯篭などが収蔵されている。注目すべ

善光寺宝物殿にある「蝦夷地御用」の旗

きは、江戸と蝦夷地を公用で行き来した際に使用した「蝦夷地御用」の旗だ。日の丸が美しい。恐らく仁助一行が使用したのも似たような旗だったのではないだろうか。

仁助はこの日アフタ（洞爺湖町虻田地区）の運上屋に宿泊。松前藩の池浦利左衛門と会った後、天体測量して「アフタ　北極出地　凡42度49分」と記録した。

礼文華山道

アブタ（虻田）から次のレブンケ（礼文華）までは5里半（約22㎞）。途中のレイナイ（洞爺湖町旧フレナイ）から先の10里（約40㎞）の道は、1799年春に幕府の内命を受けた松前藩が開削を始めたが、8月に東蝦夷地の直轄化が決まると工事は中断。翌年、小林卯十郎が改修したものの通行は困難を窮めた。そこで当地を警備していた津軽藩が修築し、1806（文化3）年になってようやく竣工した（『豊浦町史』）。

仁助は木賊《とくさ》の繁茂する大小3つの峠を越え、なんとかレブンケの浜に着いた。オシヤマンベ（長万部）までは残り7里半（約30㎞）。

翌朝、苫屋の外に出ると、幾重にも連なる山が立ちはだかり、鬱蒼たる森の中に小径が延びるのが見えた。ここからが正念場だ。

礼文華峠と静狩峠が連続する礼文華山道は「蝦夷三険道」の1つと恐れられ、現在も国道37号線やＪＲ室蘭本線は複数のトンネルでここを通過する。この地にある小幌駅は「日本一の秘境駅」と言われるが、駅からのびる小径を通って海岸まで降りると、円空がいくつもの仏像を彫った岩屋洞窟がある。

仁助が通る直前、御書院番の遠山景晋（金四郎）がここを通った。この人は時代劇「遠山の金さん」の父親。後にロシア使節レザノフの長崎来航（１８０４年）や対馬での朝鮮通信使との国書交換（１８１１年）の際に現地で対応するなど、対外政策のエキスパートとして活躍する。金四郎は「（源義経）の鵯越《ひよどりご》えもかくやあらん」と驚き、「樹間から青空を見ると、まるで井戸の中から天を見ているようだ」（『未曾有記』）と嘆いた。それほど険しい道だった。仁助の測量隊は工事が中断された道を通った。そこは新道とは名ばかりの樵路だった。

仁助の地図で内浦湾沿岸を見てみよう。

丸い湾を取り囲むように火山が並ぶ。ブロートンが火山活動によって出来た巨大なカルデラだと見誤って噴火湾と名付けたのも無理はない。

モルラン（室蘭）の南東の絵鞆半島は三方が断崖で表現され、山上は森林に覆われる。半島の先端にエントモ（絵鞆）運上屋があり、その西に大黒島が浮かぶ。ここからウスまでは砂浜と海岸平野で表現されている。

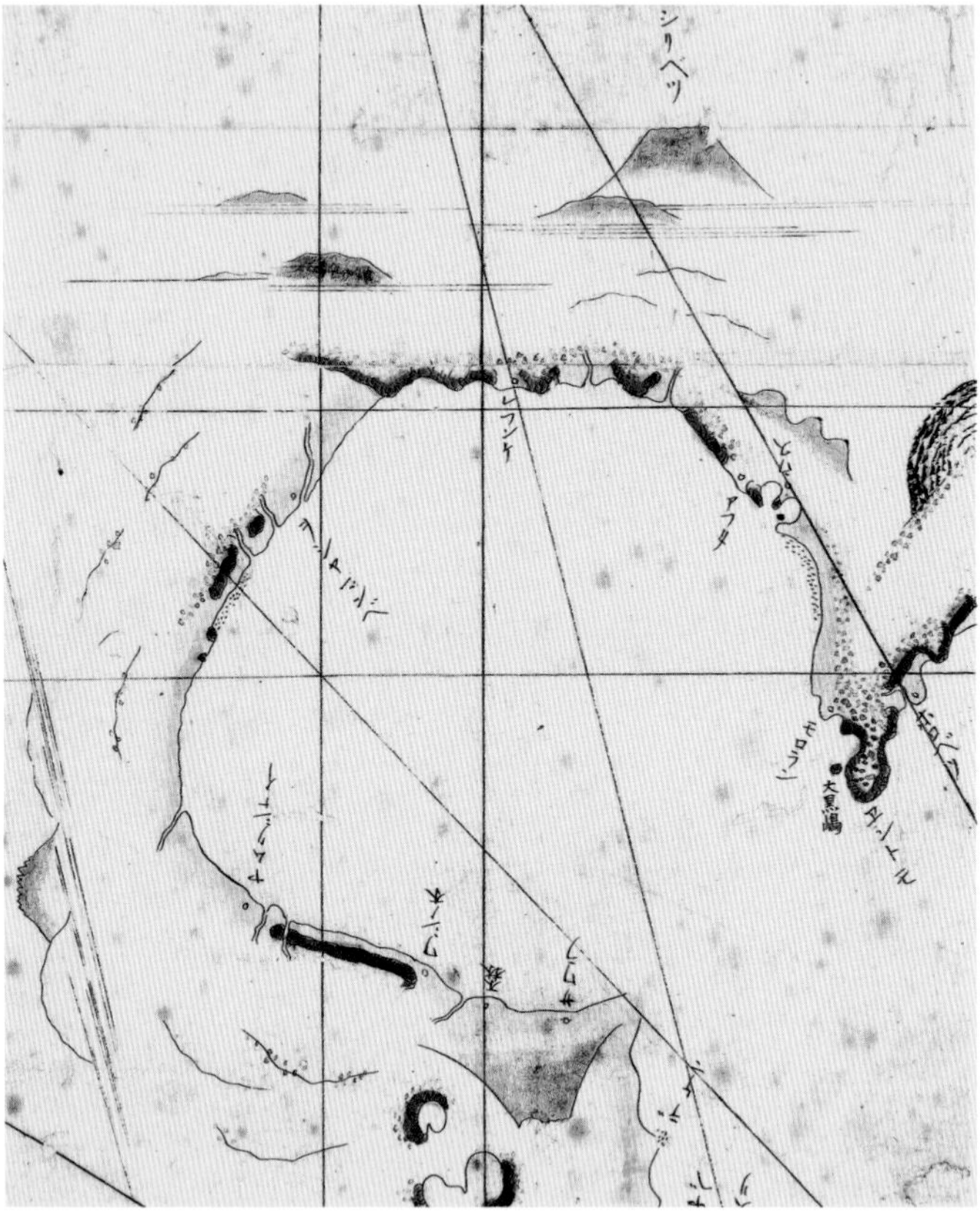

堀田仁助「従江都至東海蝦夷地針路之図」の内浦湾（噴火湾）部分
津和野町郷土館蔵

有珠湾。仁助は調査時に沼と誤認したが、地図では湾として描かれる。その先のアフタからレブンケまでは崖と貫気別川《ぬっきべつかわ》と小鉾岸川《おふきしかわ》と思われる2つの川が描かれる。内陸の羊蹄山はシリベシと記される。レブンケから西の海岸は崖。崖上は森林として表現されている。

オットセイ奉行

蝦夷地屈指の難所と言われた礼文華山道を抜け、いくつかの川を渡ると、視界に広大な長万部平野が飛び込んで来た。堀田仁助の測量隊が長万部町字長万部の飯生《いいなり》神社付近にあったオシヤマンベ（長万部）の運上屋を訪ねると、そこに松前藩のオットセイ奉行も詰めていた。

江戸時代、冬になると千島列島のオットセイが集団で内浦湾にやってきた。群れは決して上陸せず、終日海上で過ごす。アイヌの人々は彼らの習性を利用してそれを捕獲した。アツケシ（厚岸）で仁助と会った松田伝十郎の見聞録で猟の方法を紹介したい。

晴れて海が凪いでいる日、屈強な3人の男がデバ舟と呼ばれる小舟で沖に出る。目標の場所に着いたら櫓を置いて静かに海面を見つめる。煙草も吸わずじっと待つ。潮に流されたら手で水をかき、常に一定の位置を維持する。

しばらくして餌を食べ終えたオットセイが10頭、20頭とやってくる。舟に気付かずに遊び、ほどなくしてまどろむ。やがて1頭、また1頭と潮に流されてくる。7、8間くらいになった時、ハナレと呼ぶヤスを投げたり突いたりして仕留める（『北夷談』）。

毛皮は防寒具となり、肉は冬場の貴重な食糧となった。そればかりでなく、オットセイは一匹のオスが複数のメスを独占してハーレムを形成するので、古くから強靭な精力を持つと信じられ、オスの生殖器を原料として海《かい》狗《く》腎《じん》という漢方薬が作られ、松前藩はそれを将軍家に献上していた。

11代将軍家斉は精力増強のためこれを服用したとされ、生涯数十人の側室との間に50人以上の子どもをなしたので、「オットセイ将軍」と揶揄する者もいた。しかし、家斉の数多くの子女は、各地の大名家との縁戚関係を結ぶのに貢献し、幕藩

千島列島で繁殖するオットセイ（北海道大学海獣班提供）

体制の維持に大きく寄与した（岡崎守恭『遊王徳川家斉』）。

堀田仁助の生きた時期は、９代将軍家重、10代家治、11代家斉の治世と重なる。とりわけ50年に及ぶ家斉の治世は大御所時代と呼ばれ、豪奢な政治が自由な気風を生み、歌舞伎や浮世絵が流行し、化政文化が花開いた。私たちが思い起こす江戸時代のイメージはこの時期のものだ。

仁助が訪れた頃にはほとんど獲れなくなっていたが、オシヤマンベには海狗腎の検査をするオットセイ奉行があって、仁助はそれを記録したのだ。仁助一行はこの日番所の用意した宿で過ごした。

二つの八雲

ヤムクシナイ（八雲町山越）はオシヤマンベの南９里（約36㎞）先にあった。測量隊は、雄大な遊楽部《ゆうらっぷ》岳（１２２７ｍ）を眺めながら砂鉄で覆われた波打ち際を進んだ。

この周辺の原野は、仁助踏査から約80年後の１８７８（明治11）年、元尾張藩主徳川慶勝《よしかつ》に払い下げられ、旧藩士ら82名が入植した。彼らは平時には農業に励み、ロシア侵攻の際には挙兵することになっていた（大島日出生「八雲という町名の由来と理想」）。

慶勝は、八岐大蛇を退治したスサノオノミコトがクシナダヒメと住む宮を造り終えた際に詠んだ「八雲立つ　出雲八重垣　妻籠《つまご》みに八重垣作る　その八重垣を」という歌に因んで、この新天地を八雲と命名した。そこには新天地での国造りへの熱い思いが込められている。

大正時代、慶勝の養子である義親がスイスの民芸品にヒントを得て木彫りの熊づくりを奨励。黒い木彫りの熊は評判となって道内各地に広がり、遂に北海道を代表する土産になった。

ところで八雲という地名が島根県にもある。1951（昭和26）年に島根県八束郡の岩坂村、熊野村、大庭村大字西岩坂が合併し、「八雲立つ」の古歌にちなんで八雲村とした（松江市八雲町）。

1986年、島根県八雲村の青年団OBの藤田彰裕が、北方領土返還を求める会議のため釧路に出かけた帰りに八雲町を訪ね、「同じ地名同士で相互交流しませんか」と呼びかけた。これが契機となり、翌年に島根の青

砂鉄に覆われた八雲の砂浜と駒ヶ岳

年団が訪問。1994年以降は小学生と大人が出かけ、その2年後には北海道から中学生を中心とした訪問団がやって来た。その後、島根では八雲の交流を進める会（稲田宗会長）、北海道では八雲町教委が中心となって1年ごとに中学生が行き来するようになり、これまで350人が参加した。

2020年と21年はコロナ禍のため相互訪問は出来なかった。島根と北海道の様々な繋がりを学ぶ大切な社会教育事業として是非とも継続して欲しいものだ。

夕刻、仁助の一行はヤムクシナイに着き、吉五郎という人物が営む御用宿に入った。この村にはアイヌの人々に混じって和人が住んでいた。

江戸時代、松前藩は北海道を和人地と蝦夷地に分け、アイヌの人々が和人地に住むのを認めず、和人の蝦夷地への立ち入りも制限していた。しかし、18世紀末には和人の居住地が北上し、各地で両者が一緒に暮らすようになっていた。ヤムクシナイでアツケシ上陸以来約1か月ぶりに和人女性に会った仁助は、「日本国之女人初て見る」と驚きを記録した。

仁助と谷元旦

ヤムクシナイ（八雲町山越）から南の集落は「村」と呼ばれ、和人とアイヌの人々が一緒に暮らしていた。測量隊はいくつもの村を通って南下。昼はモナシベ村（八雲町栄浜）の京屋嘉兵衛宅で休憩し、夕方に鷲木村（森町鷲ノ木）に着いた。御用宿主人の弁治郎が「箱館まで内陸の道を通ると17里ですが今は不通です」と教えてくれた。どうやら主人は、測量隊を箱館に向かう役人の一行と間違ったものらしい。翌日はそのまま海岸に沿って歩いた。

次第に内浦岳（駒ヶ岳）が大きくなる。この山は鳥取県の大山のように見る場所によって姿を変え、北東から見ると実に荒々しい。仁助と同じ年に蝦夷地を歩いた谷元旦《げんたん》が描いた絵が残っている。

元旦は田安家家臣の谷家の第3子として江戸に生まれた。15歳上の兄は文晁《ぶんちょう》。幼い頃から兄に絵を学び、1799（寛政11）年3月に松平忠明ら

谷元旦が描いた内浦岳（駒ヶ岳）。谷元旦『蝦夷奇勝図巻』（1799年）＝朝日出版、1973年を転載

800余人が蝦夷地に赴いた際、薬草調査役の渋江長伯に同行し、4か月かけて蝦夷地各地の植物、景観や産物、アイヌの習俗などをつぶさに観察して精緻で美しい絵にした。江戸に戻った元旦は、鳥取藩の江戸留守居役島田図書の娘と結婚して島田元旦となり、数々の優美な作品を描いた。なお、兄文晁は元旦の描いた内浦岳の絵に自らの想像を交えた「内浦岳」を『日本名山図会』（1811年）に載せた。

1799年3月から7月、21歳の元旦は西から東に歩き、9月から10月には、54歳の仁助が東から西に向かい、それぞれ観察したものを残した。残念ながら蝦夷地に魅せられた山陰ゆかりの二人の仕事を知る人は限られている。その業績を正しく評価して欲しいと切に願う。

測量隊は次々に形を変えていく駒ヶ岳を眺めながら半島南端の恵山を目指した。志壁村（鹿部町鹿部）では支配人小五郎の家に宿泊し、疝気に効くという温泉に入浴した。途中、佐原村（森町砂原町）で測量し、「サハラ　北極出地　凡42度35分」と記録する。

翌日、ウシ尻村（函館市臼尻町）の支配人久右衛門の家で昼休憩。その先の川組村（函館市川汲）では、集落から1里ほど山中に温泉があると教えられた。そのまま進めば箱館へは9里（約36㎞）の山越え道。「途中にある炭焼き場は米を持参すれば宿泊出来ます」と言われたが、一行はそのまま海岸を南下して小薩部村（函館市尾札部）まで進み、支配人源治郎の家に泊まった。

翌朝、一行は舟に乗った。4里（約16㎞）先の椴法花（椴法華《とどほっけ》）村までは断崖が直接海に落ち込んでいて道はなかったのだ。人を寄せ付けぬ険阻な岩壁も海上からの眺めは素晴らしい。海に直接落ちる滝、数々の奇岩。海の中では昆布の林が揺れている。岬を回り込むと椴法花（函館市本村町）の湊だった。

恵山

渡島半島の東南端にそびえる恵山《えさん》（618m）は、今なお活発な噴気活動を続ける活火山だ。外輪山熔岩と円頂丘熔岩とからなる二重式火山。山麓にはエゾヤマツツジ、サラサドウダンなどのツツジ類が群生するが、中腹以上は高温の噴気や地熱などの影響で植物は生えず、赤茶けた地肌がむき出しになっている。

渡島半島北部のオシヤマンベ（長万部）方面から箱館に向かう際、多くの人は鷲木村（森町鷲ノ木）や川組村（函館市川汲《かっくみ》）から内陸に入った。それ以外には海沿いに南下して恵山の険しい登山道を通るよりなかった。

仁助らは椴法花村で舟を降り、昼食を済ませた後に登山を開始した。「五か所程硫黄燃ゆる」と噴気孔を記録する仁助。数十年後に同地を訪れた松浦武四郎も、「硫黄が燃えて天に向かって黒い煙を出している」と『蝦夷日誌』に記している。あちこちで温泉も湧いていた。

標高４００m付近に峠があり、太平洋と津軽海峡とその先の下北半島と津軽半島が見えた。国際水路機関の定めでは、恵山東麓の恵山岬と下北半島の尻屋岬を結んだ線の西側が日本海、東側が太平洋とされる。あまり知られていないが、津軽海峡は日本海の一部だ。そこから恵山山頂に向かう小径が分れていた。山頂には円空が彫った仏像を安置する権現堂があったが一行は向かわない。峠付近で緯度を計測して「エサン　北極出地　凡42度10分」と記録し、西麓に向かった。

山を下りて根田内村で休憩。さらに海岸に沿って尻消村（函館市女那川町）まで歩いて支配人忠兵衛の家に宿泊した。椴法華から尻消までの距離について仁助は記していないが、直線距離で32㎞。実際には50㎞ほどだったか。しかもそのうち３分の１は登山道。それを１日で踏破した測量隊の健脚には驚くばかり

恵山中腹の噴気孔（函館市恵山支所提供）

だ。

翌日は箱館を目指す。途中、戸井村（函館市館町）を通った。アイヌの人々が住むのはここまで。その先は和人だけの村が続いた。

渡島半島南部を仁助がどのように表現したかをみてみよう。

ヤムクシナイの北は砂浜。遊楽部川からワシノ木までは海岸段丘の崖が続く。内陸の山は遊楽部岳。森とサワ

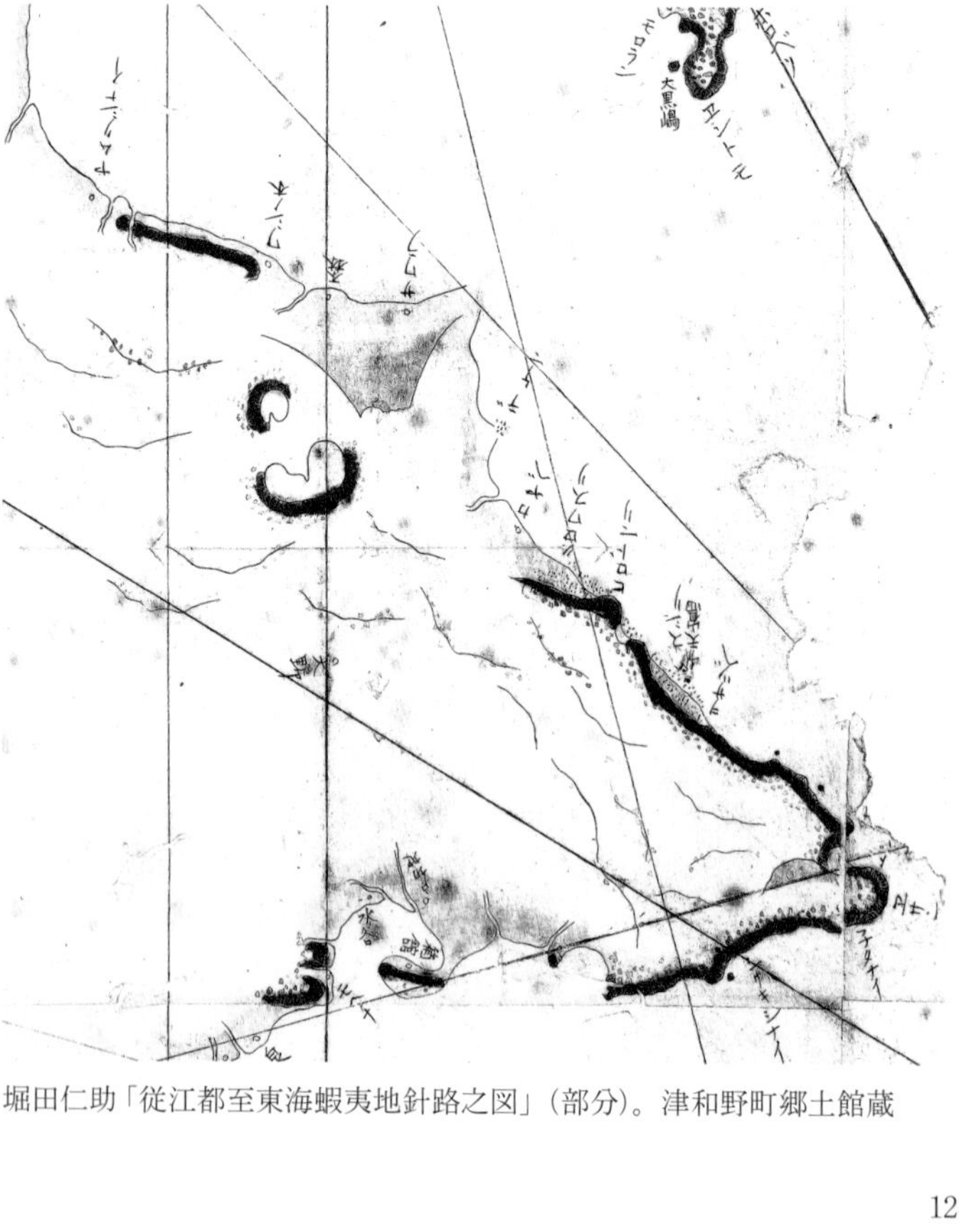

堀田仁助「従江都至東海蝦夷地針路之図」（部分）。津和野町郷土館蔵

ラ（砂原）の間には内浦岳（駒ヶ岳）と広大な裾野が描かれる。山容は谷元旦の絵とほぼ同じだ。内浦湾を航行する船からどう見えるかを重視してこのように描いたのだろう。内浦岳の西麓の湖は、北がジュンサイ沼、南は大沼と小沼か。現地情報に基づいて記したと思われる。

シカベ（地図ではカヤベと表記）までは砂浜。その先は断崖と僅かばかりの砂浜。オサツベ（尾札部）からはその砂浜も消え、断崖が直接海に落ちる。半島の先端には恵山。ここでも海岸は断崖として描かれている。

函館図書館

津軽海峡沿いの村々を通って西に向かう測量隊。首久比村（函館市汐首町）まで来ると、海の向こうに箱館山がくっきりと見えた。

箱館山もかつては島だったが、沿岸流によって運ばれた土砂が陸と結んだ。山麓から北東に扇のように砂洲が広がり、西側に向かって湊が開いている。

18世紀半ば、箱館山の麓に松前藩の番所が置かれてから町が発展。仁助が訪れる14年ほど前には「箱館村、４５０戸弱、２５００余人」（『蝦夷拾遺』）、仁助が訪ねた頃の戸数は倍近くになり人口も３千人ほどに増えていた。

10月9日夕刻、仁助は内間町（函館市末広町）にあった小倉屋藤右衛門の営む御用宿に入った。ここで緯度を測量して「箱館　北極出地　凡42度08分」と記す。

仁助の訪問から百余年経った1907(明治40)年、この町に私設図書館が出来た。創ったのは蝋燭の製造・販売をしていた岡田健蔵だ。しかし、2か月後の大火で焼けてしまう。岡田は有志の力を借りて会員制の私立函館図書館をつくり、これが1928年に市立図書館となった。

「地域図書館の使命は地域の資料を蒐集することにあり」という強い信念を持ち続けた岡田は、精力的に石川啄木や北海道関係の図書を集めた。その結果、図書館は「北方資料の宝庫」と呼ばれるようになった。

岡田は注文していた書物が届くと丁寧に開梱し、慈しむように1冊ずつカバーをつけ、その本を読んで独自の書名をつけたという（坂本龍三『岡田健蔵伝』）。

昭和初期、函館図書館に堀田仁助の『幻空雑記』と『蝦夷地開国之記』が収蔵された。このうち『蝦夷地開国之記』のカバーには『鈴木周助アツケシ出張日記』という別の書名がついている。岡田がつけたものとみて間違いない。

岡田は蔵書資料の挿絵や絵画の模写も積極的に進めた。担当したのは職員の大垣友雄だ。仁助が乗った神風丸の模写作品(43頁参照)が残っているが、大垣の手になるものだ。

１９３４年３月21日に函館はまたも大火に襲われ、市内の半分以上の建物が焼失した。火の手が迫る中、岡田は書庫の前に立って資料を守り抜いたという。

岡田は、児童書を収集したり、絵画の展覧会も開いた。今から70年以上前に、子どもから高齢者まで市民が集う地域づくりの拠点をつくったことに驚くばかりだ。この図書館がなければ、堀田仁助の仕事は判らないままだった。

箱館で休息した測量隊は、25里（約１００㎞）先の松前に向かう。十里四方の大平原を歩くと戸《へ》切《きり》地《ち》（北斗市野崎）。名主久七宅で昼食をとり、茂戸地（北斗市茂辺地）まで歩いた。

知内

茂戸地（北斗市茂辺地）の肝煎野口喜右衛門宅を出た測量隊は、三ツ石村（北斗市三

函館山の山麓に建つ旧函館図書館本館（1916年完成）。現在は函館市中央図書館の収蔵庫として利用されている

ツ石）の幸七宅、礼狩村（木古内町札苅）の小頭次左衛門宅、木古内村（木古内）の名主左次兵衛宅に立ち寄った後、さらに西へ向かった。

木古内川を渡り、さらにその先の知内川を渡ると番所があった。門の周りに柵が巡らされて築山に標柱が建っている。

是ゟ《これより》東ハノツサブクナシリ、北ハシレトコ其外嶋々迄　御用地

とある。「これより東の納沙布と国後島、北は知床と島々まで幕府御用地である」の意味だ。9月11日に、知内川から浦川にかけてが幕府支配勘定奉行富山元十郎に引き継がれ、その際に設置されたと見られる。測量隊がここに来たのはその1か月後。東蝦夷地全域が直轄化されたのだと仁助は実感した。

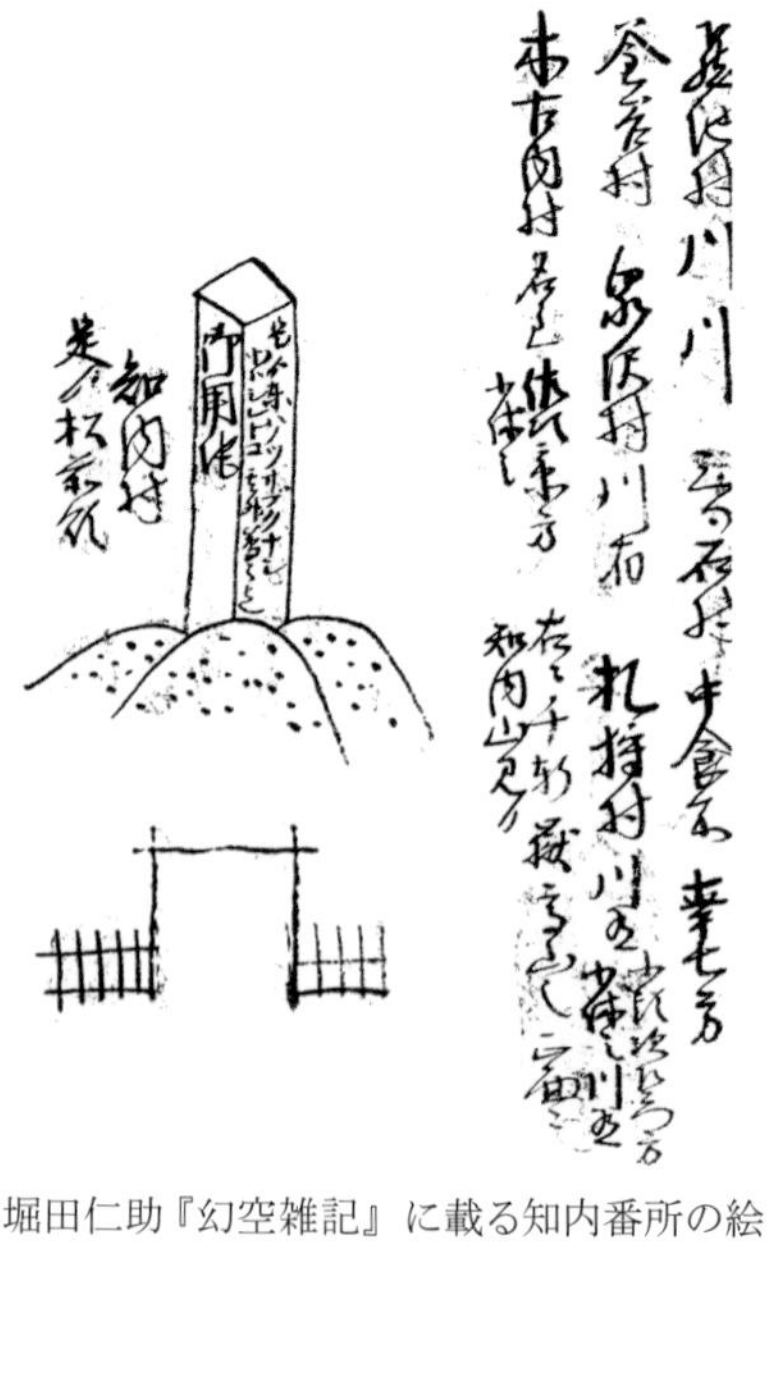

堀田仁助『幻空雑記』に載る知内番所の絵

ここからは松前藩領だ。知内では名主梅五郎の家に泊まったが、その際北に聳える大千軒岳（１０７２ｍ）の麓に金山があると教えられた。

江戸時代初期、知内川上流で砂金が発見され、多くの労働者が本州からやって来た。中には東北地方から逃げてきたキリシタンもいた。松前藩主の松前公広《きんひろ》は「松前は日本ではない」としてキリスト教徒の移入を容認していたのだ。ところが、島原の乱の2年後の１６３９（寛永16）年、幕府の命をうけて突如キリシタン狩りを実施。１００人以上の信者を処刑した（『北海道ふくしま歴史物語』）。

しかしながら、測量隊が訪れた時、既に金は枯渇し、殉教の記憶もすっかり消え

千軒岳殉教記念ミサ（高橋豊彦提供）。1959年に始まったミサ。現在は7月最終日曜に行われる

ていた。因みに、津和野では１８６８（慶応４）年、長崎から連行された潜伏キリシタン１５３人のうち37人が処刑される。そんな悲劇がその後起きるなど仁助が知る由もない。

知内から福嶋（福島町福島）までの矢越海岸は断崖が直接海に落ち込むため、旅人は内陸を通る７里（約28㎞）の道を通った。ブナ、ミズナラ、ミヤマハンノキ、ダケカンバ、トドマツなどが繁る雑木林の中を知内川が流れる。上流を目指していくつも急坂を越えて一の渡り（市の渡り）で渡河。仁助はここに米屋があると書くが、実際には松前藩が増水時の宿泊に備えて建設した休泊所だった。なぜ米屋と記したかは分からない。

坂道を登り切ると峠。そこから西へ急坂を降りると福島川最上流部に出た。約１里半（約６㎞）の間に幾度となく渡河するので「四十八瀬」と呼ばれていた。これが大変な難路だった。なんとかそれを越え、河口まで歩いて舟で渡河すると福嶋村。名主勘九郎が営む御用宿に入ると、善八、年寄治兵衛、清八らの村役人があいさつにやって来た。

仁助、松前に着く

福嶋村（福島町福島）を発った蝦夷地測量隊。旅の目的地である松前は５里（約20㎞）先だ。断崖下の狭い砂地を歩き、吉岡（福島町吉岡）の庄左衛門宅で昼食をとった。

仁助の測量から7か月後、津軽半島の三馬屋（三厩）を出航して箱館を目指した伊能忠敬測量隊６名を乗せた船が風に流されてここに着いた。翌日、測量器具を別便で送っていた箱館に船で向かおうとしたが、風向きが変わらないので、手持ちの機材で測量を試しながら陸路を東に向かった。吉岡漁港には、この地が伊能忠敬の蝦夷地測量を開始した場所であると伝える公園がある。そこに立つ案内板には仁助の先駆的業績は何一つ書かれていない。

仁助一行は礼髭《れいひげ》(福島町吉野)まで海岸を進み、１００ｍの断崖が続く白神岬を避けて、内陸の白紙峠（吉岡峠）を通る山道に入った。この道も険阻な坂道が続いていた。峠をくだって荒谷（松前町荒谷）で海岸に出ると、遠くに松前の町が見えた。円錐形の勝軍山の裾野に家が立ち並ぶ。沖に松前小島が浮かび、海岸には岩礁が点在する。そこが湊だった。これまで東蝦夷地で見てきたような入江ではなく、少し沖の岩礁近くに数多くの船が停泊していた。

15世紀中葉にコシャマインの戦いを平定した武田信広の子孫である蠣崎《かきざき》慶広が徳川家康から蝦夷地の交易権を任され、１６００（慶長5）年にこの地に福山館を築いて松前氏を称した。渡島半島最南端近くにあり、津軽半島の三厩と向き合うのでこの地が選ばれたと見られる。

仁助は松前に到着した日について記していないが、『幻空雑記』の内容を勘案すると10月13日頃だったと見られる。一行は番所に到着を報告した後、大松前町の中屋六右衛門が営む御用宿に入った。ここで最後の緯度測量をして「松前　北極出地　凡41度40分余」と記録する。

箱館から松前までを仁助の地図で見てみよう。

箱館の西には平原が広がる。茂戸地（茂辺地）は丘陵の間を流れる茂辺地川の河口にある。泉沢から知内まで海

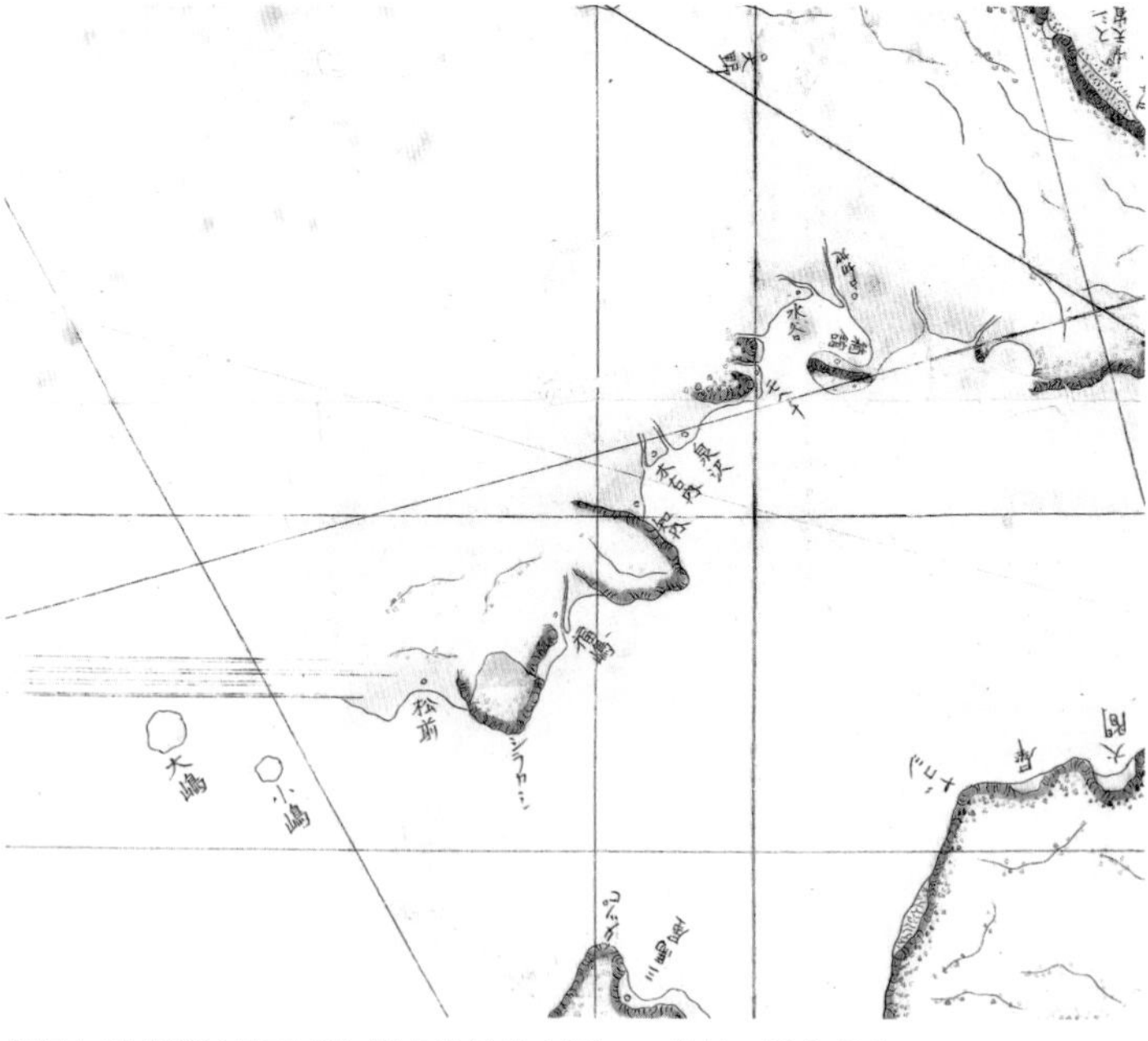

堀田仁助「従江都至東海蝦夷地針路之図」の箱館—松前部分。
津和野町郷土館蔵

岸平野が広がり２つの川。知内―福嶋（福島）の矢越海岸は崖が連なる。ここは実際より海岸線が津軽海峡に突き出るように表現される。

福嶋と松前の間も白神岬の山塊が描かれる。松前から先は未踏査のため空白。沖に大島と小島が浮かぶ。海峡を挟んで津軽半島にタッピ（竜飛）、三馬屋（三厩）の地名が見える。

６月27日に築地の本願寺裏で大茶船に乗り込んだ仁助。品川沖で神風丸に乗り換えて北を目指し、８月29日アツケシ（厚岸）に入津。そこから40数日測量しながら難路を松前へ。さらに奥州街道を南下して江戸に帰ったのは出発から71日目の11月15日。江戸は冬を迎えていた。

第6章 堀田仁助と伊能忠敬

堀田仁助以前の地図

堀田仁助は、天体を正しく理解して地球上での日本の位置を知り、さらに自分たちのいる場所を明らかにしようとした。このような発想は以前からあった。

古くは、安井算哲（渋川春海）が、昼は一本の木の柱を立てて太陽の陰影を測り、夜は北極星に対する仰角を測定して中・四国地方各地の緯度を計測したとされる。続いて森幸安は1754（宝暦4）年に大坂の絵師橘守国が持っていた図に方格状の経緯線を挿入した『日本分野図』を発表した（上杉和央『江戸知識人と地図』）。ただし、当時はまだ正しい経度の数値は算出出来ていなかったのであくまでも便宜的なものだった。

江戸幕府は各藩が作成した国絵図を繋ぎ合わせた日本図を使用していたが、これだと全体が大きく歪んでしまう。そこで8代将軍吉宗は、自ら新たな日本地図づくりに乗り出した。1719（享保4）年に完成した『享保日本図』は、予め目標となる山（見当山）を定め、周囲の藩の3カ所からの方位を測定して位置を特定するやり方で歪みを補正する画期的な地図だった。この作業を約10年かけて完遂した関孝和門下の建部《たけべ》賢弘は、正確な日本総図作成のためには方位測定・天体測量・距離測定の3つを併用して実測する必要を説いたが実現出来なかった（川村博忠『江戸幕府撰日本総図の研究』）。

長久保《ながくぼ》赤水《せきすい》は1780（安永9）年に『改正日本輿地《よち》路程全図』で経緯線を記入した日本地図（「赤水図」）を出版した。刊行された日本地図としては経緯線が明記された国内初のものだ。実測図ではないが、内外の地図に自身の体験や見聞を加えて製作した素晴らしい地図だ。国別に色分けされ、主要街道、主要地名とともに、安井算哲の測定成果による緯度を基準にした方格線が引かれている。

浮世絵師石川流宣が作成した流宣図といわれる日本地図は、芸術性と実用性を備えていた。それで長久保赤水の地図が作られるまで50回以上改訂され、日本地図のベストセラーになったが、これも実測に基づいたものでなかった。

一方、広大な蝦夷地では18世紀後半になると相次いで緯度計測が行われた。安永年間（1772―1781年）に平沢元愷《げんがい》（旭山）が松前の緯度を調べたとされ、最上徳内も1790（寛政2）年の『蝦夷国風俗人情之沙汰』に経緯度線や度数を入れた地図を

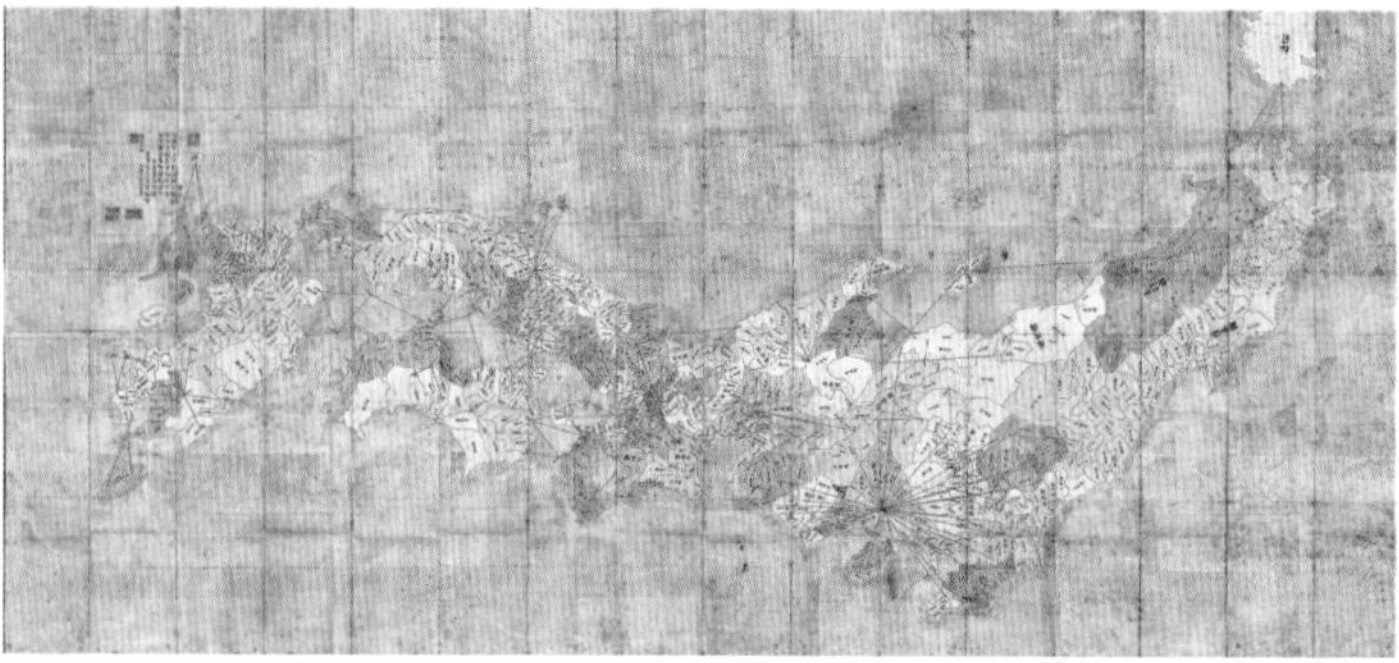

『享保日本図』(松浦静山識日本輿地図)。守屋壽コレクション、広島県立歴史博物館蔵・同館提供

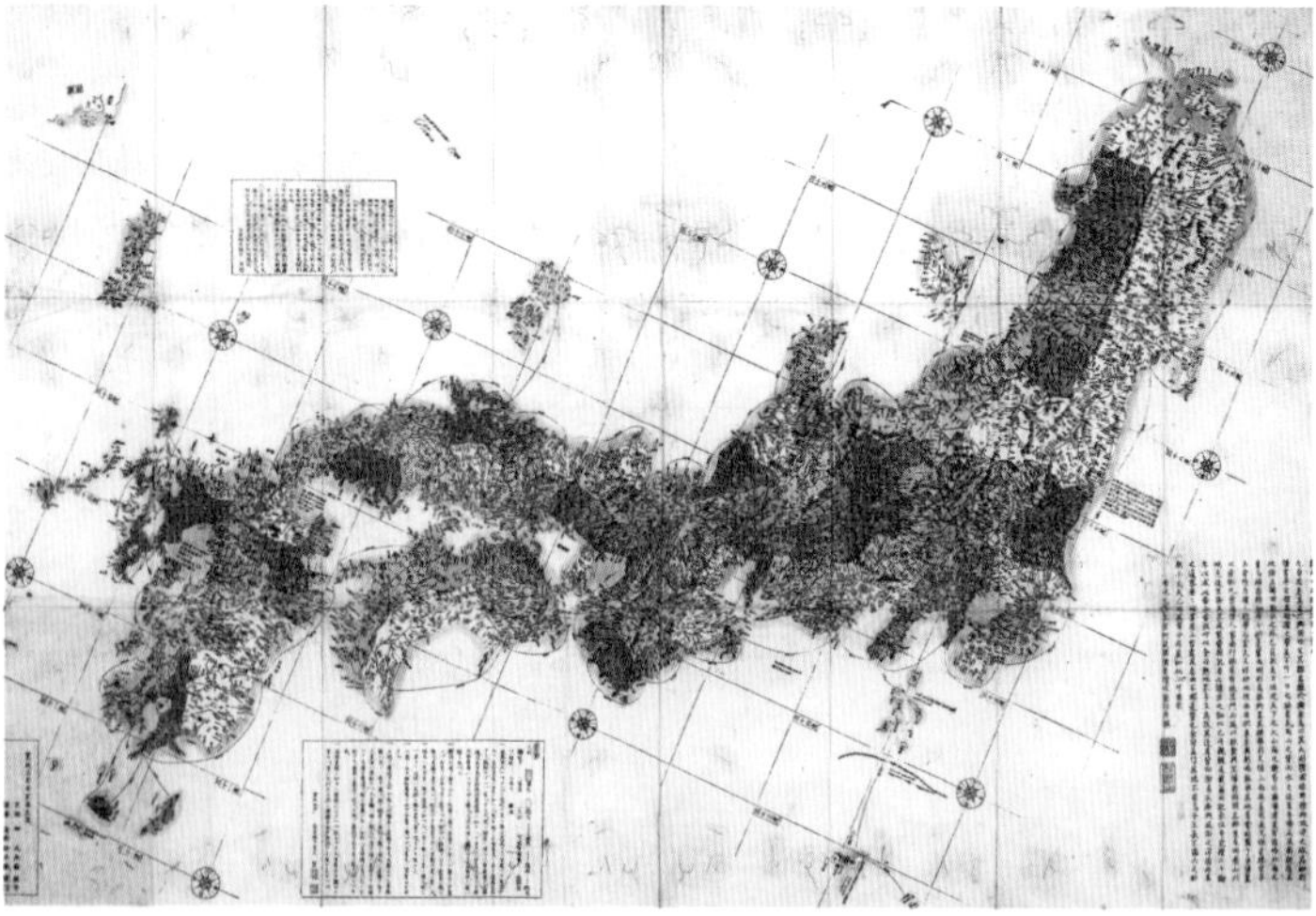

長久保赤水『改正日本輿地路程全図』第2版(1791年)。茨城県高萩市教育委員会提供

付けた。さらに徳内に数学を教えた串原正峯（永井正峯）は、自ら考案した簡単な器械で西蝦夷地を測量した数値を残している（高倉新一郎『我国に於ける北海道本島地図の変遷⑵』）。

なお、串原の『夷諺俗話《いげんぞくわ》』の表紙扉（『日本庶民生活史料集成』）に木村玄黄なる人物が測量した緯度が載るが、これは仁助の地図に載る緯度の数値を後世の人物が転載したもの。木村玄黄という名も仁助の門弟の木村一綱の名をもじったものだ。

このように、地図に経緯線を書き込んだり緯度を計測した人物はいたが、現地で方位や距離を測定し、緯度を計測して正確な地図を作るまでには至らなかった。

仁助、地図をつくる

江戸に帰った堀田仁助は、実測成果に基づいて東日本から北日本にかけての沿岸地図を製作した。半月後に２枚の地図が完成し、１枚を正本として蝦夷地取締御用掛に提出し、残りの１枚を副本として手元に残した。正本は未発見だが、副本が津和野町郷土館にある（口絵写真参照）。大きさはタテ２７１㎝×ヨコ１１５・４㎝。縮尺は約38万６７６０分の１。

地図の下には『従江都至東海蝦夷地針路之図《えど(こうと)よりとうかいをえぞちにいたるしんろのず》』と題名を書く。つまり江戸から太平洋を蝦夷地に向かう船の海路図という意味だ。

続いて、品川浦から「第一之針」、さらに「第二之針」、「第三之針」、「第四之針」を経て蝦夷地アツケシ（厚岸）に至るまでの距離を記した。この針というのは、ヨーロッパのポルトラーノ型海図のように海上に置かれた4つのコンパス・ローズ（方位羅針盤）を指す。さらに天体の高度観測測定に用いる象限儀（カトロラント）で計測した本州6地点と、太陽の高度を測る渾天儀《こんてんぎ》（イスタラビ）で測った蝦夷地12地点の北極出地（緯度）を載せる。実際の緯度との誤差は、本州で10分、蝦夷地では15分程度。最大で28分だ。

各地の緯度を記した後に「謹蒙」と題された地図製作の理由（識語）を記した。大意は次の通り。

謹んで申し上げます。

本図は幕命により蝦夷厚岸浦に赴いた大要を示したものです。海路を行く際の船舶の方向と各地の緯度は今後の手がかりとなるでありましょう。

帰りは海浜を歩くこと60日ほど、砂浜や岩石連なる海岸の苫屋に寝泊まりしました。ここに海路の地図を製作して恭しく提出させていただきます。

また、これとは別にご上覧いただきたく、もう一枚の地図を製作いたしました。これは私蔵のもので、神風丸の航跡を記したものであります。幕命かたじけなく、船の名前が示すように神力のご加護により万里波濤を越えて帰ることが出来ました。

寛政11年11月　石見津和野藩臣堀田泉尹謹撰　門人木村一綱謹図

ここにある「もう一枚の地図」というのは、日本学士院にある『品川より宮古に至る図』と同じものだろう。これも正副2枚あって、幕府に提出したものが正本で、学士院のものが副本とみられる。

最後に製図担当者として蝦夷地に同行した門弟見習い木村清蔵（一綱）の名を載せるのが興味深い。『幻空雑記』など調査記録にも、同じ門弟見習の鈴木周助の名を載せる。蝦夷地出発の前、仁助は「この調査は大変な困難を伴う。しかも江戸に戻っても仕官出来る訳でもない」という蝦夷地取締御用掛の言葉を門弟に伝えていた。それでも彼らは参加し、懸命に歩いて測量した。その労苦に報いたいと、仁助は次の仕事の見つからない門弟見習いの2人の手柄にしたのではないか。仁助の優しさの表れと思われてならない。

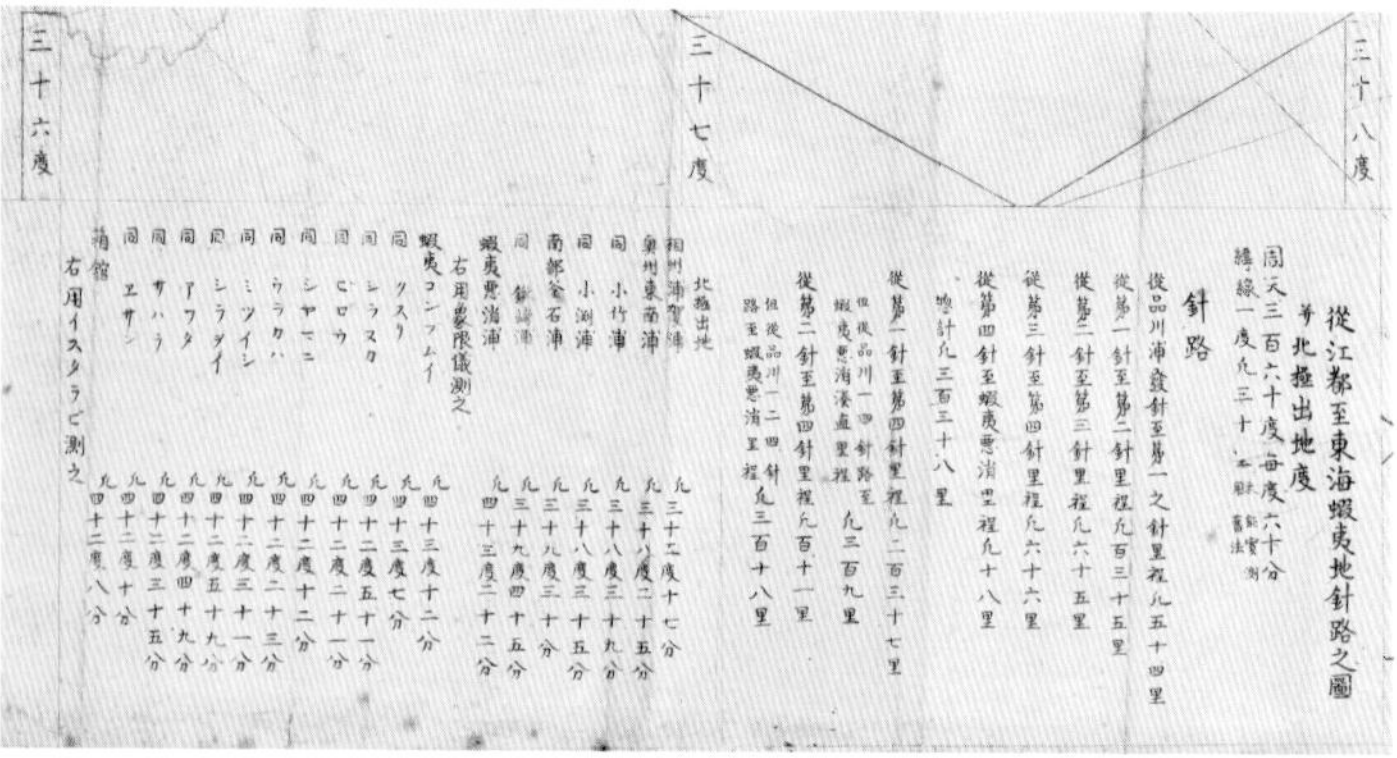

『従江都至東海蝦夷地針路之図』の凡例（里程と北極出地（緯度））。津和野町郷土館蔵

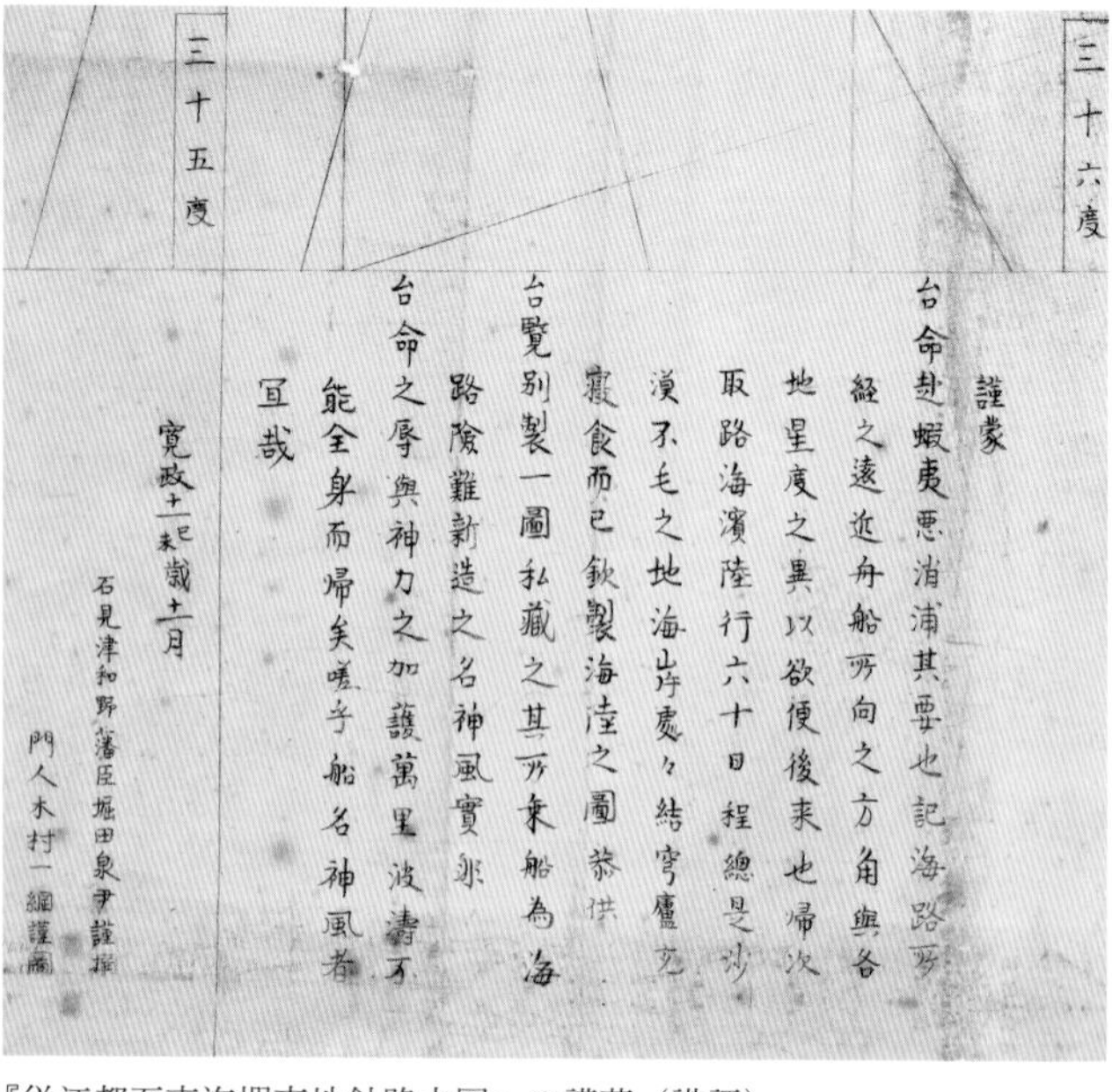

『従江都至東海蝦夷地針路之図』の謹蒙（識語）

仁助の地図を読む

仁助の地図（『従江都至東海蝦夷地針路之図』）を見てみよう。

地図には北緯35度から43度までの緯線と直交する経線が引かれている。緯線は測量成果に基づいているが、経線は、あくまでも便宜的な線だ。

房総半島沖、宮古沖、下北半島沖、厚岸沖の４カ所にコンパス・ローズ（方位羅針盤）が置かれる。長い間私はこれを装飾用だと思っていた。しかし、津和野町郷土館が撮影した高画質写真を観察して実用性の高いものだと考えるようになった。

航行中の船が現在地から目的地まで線を引き、物差しとコンパスを使って近くの羅針盤から延びる24本の方位線と並行する線を導き出せばおおよその方向が分かる。これに地図下に載る品川から蝦夷地のアツケシ（厚岸）に至るまでの里程表を使えば、江戸から東蝦夷地へ向かう船の適切な方向と距離が分かるようになっている。

その一方、海岸を目視しながら航行する船舶から分かるように海岸地形を描き、地名も沖に向かって縦書きした。内陸はほとんど書き込まなかったが、主な高山は沖から見える形で多少絵画的に表現した。さらに海岸線は、崖と岩礁は赤、砂浜は黄色、森は黒と彩色した。実際に見ていない久慈湾から下北半島の六ケ所村の間と松前から北の日本海は雲で隠す。江戸周辺は江戸城を隠すため白紙を貼って見えないようにしている。

地図のうち、房総半島―宮古間の海岸は海上からの観察結果と停泊地での緯度測量を組み合わせたもの。蝦夷地の海岸線は交会法による観察と陸地での緯度測量の数値を反映させたものだ。そのため本州に比べて蝦夷地の精度が高い。蝦夷地東部は実際より横に伸びたように表現されるが、松前に近づくほど正確になる。また、日高地方のホロイツミ（幌泉）―シヤマニ（様似）間と門別のシノダイ岬、渡

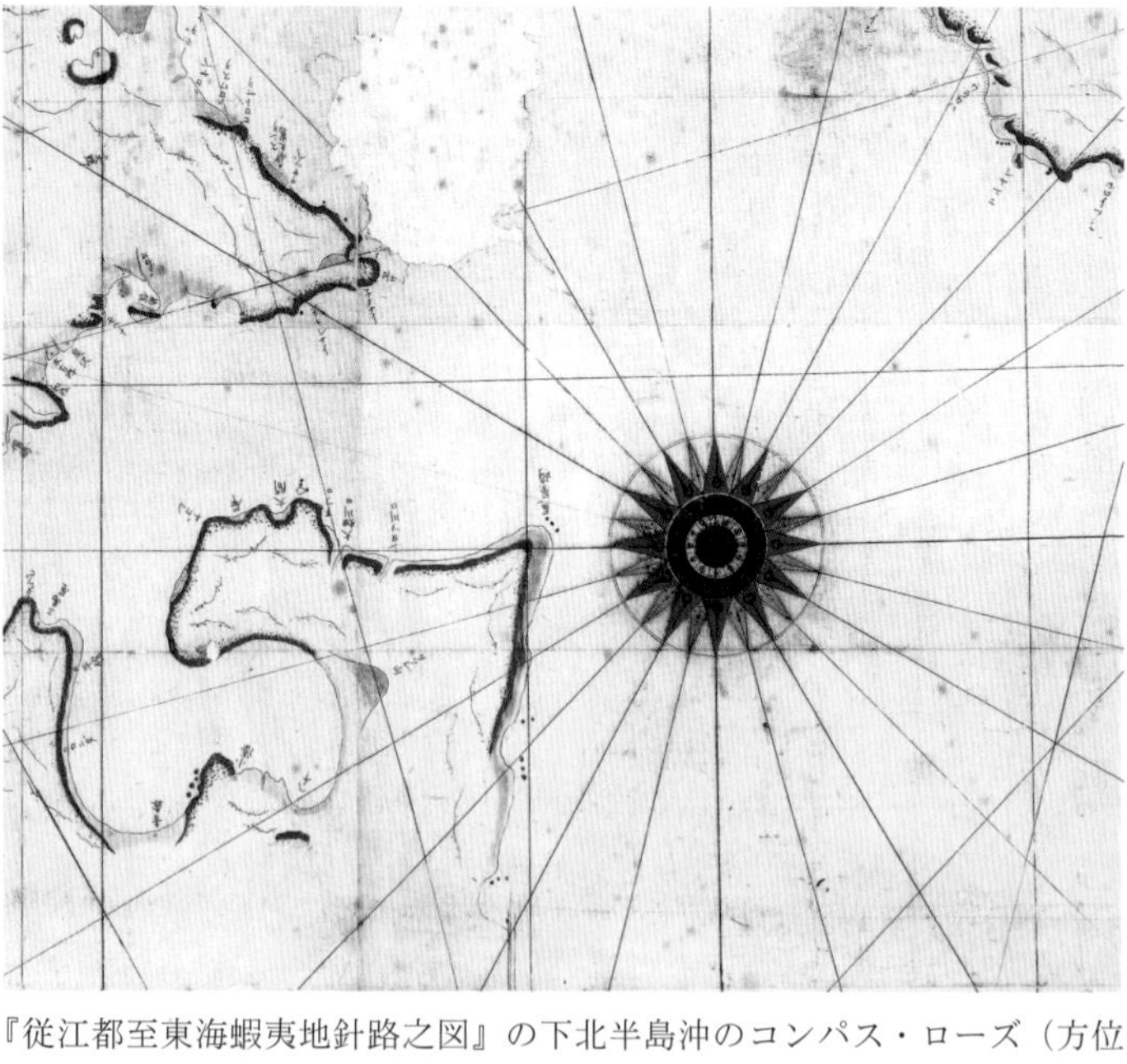

『従江都至東海蝦夷地針路之図』の下北半島沖のコンパス・ローズ（方位羅針盤)。24方向に方位線が延びる

島半島の矢越海岸などが実際より沖に突き出し、襟裳岬は小さく表現される。いずれも踏査出来ず遠望しただけの区間だ。

「船の道筋を明らかにして寄港地で緯度を測るとともに、蝦夷地でも緯度の測量をせよ」というのが蝦夷地現地指令の松平忠明からの命令だった。その報告がこの地図だ。特に蝦夷地部分は、かつて建部賢弘が提案した方位測定・天体測量・距離測定という方法によって作られたわが国測量史上の画期的な地図だった。これによって江戸とアッケシ間の航路が拓かれた。

その後、この航路は幕府御用船がしばしば利用した。１８０１（享和元）年には最上徳内の師匠として知られる本多利明が凌風丸の船頭として関東とアッケシ間を行き来して江戸に俵物を運んだ記録がある（秋月俊幸『日本北辺の探検と地図の歴史』）。

ところが、蝦夷地取締掛御用の面々は仁助の提出した地図を見て「果たしてこれは正しい地図なのか」と疑う。彼らは蝦夷地での経験があり、現地をよく知っている。しかし、仁助の地図は彼らがそれまで見てきた蝦夷地の地図とはだいぶ違っていたからだ。

そのような時、仁助と同じ天文方にいた高橋至時が「弟子の伊能忠敬に蝦夷地の測量をさせたい」と若年寄に上申してきた。

伊能忠敬、仁助の地図を見る

伊能忠敬《いのうただたか》は１７４５（延享2）年1月11日に上総《かずさ》国山辺郡小関村（千葉県九十九里町）に生まれた。それは堀田仁助より6日後だ。後に下総《しもふさ》国佐原村（香取市佐原）の伊能家の婿養子となって家業の興隆に努め、49歳で家督を長男に譲って隠居すると、翌年江戸に出て天文方の高橋至時《よしとき》に入門。熱心に天文・暦法・測量を学んだ。忠敬は暦学研究のために本邦子午線1度の距離を明らかにしたいと考えた。そこで至時と相談して、蝦夷地と江戸の間の距離と各地の緯度を測量させて欲しいと願い出た。折から仁助の地図の正確さを検証し、精度を高めようとしていた幕府はこれを受け容れ、１８００年2月頃に忠敬の蝦夷地測量を認めようとした。ただし、「政徳丸で往復して洋上から測量せよ」という。前年、神風丸との性能比較のために東蝦夷地に向かって遭難しかけたあの老朽船に乗れというのだ。忠敬は「海上測量では正確な測量は難しい」と頑として陸路往復を譲らない。あるいは政徳丸の苦難を知っていたのかもしれない。何度かやりとりがあって4月7日を迎えた。『伊能忠敬測量日記』の記述を基にその時の様子を記したい。

この日、忠敬は蝦夷地現地司令の松平忠明の屋敷に呼ばれた。夕食の後、浦川（河）

の熊退治で名を馳せた細見権十郎の案内で奥の間へ。そこには松平忠明とともに石川将監と羽太正養《はぶとまさやす》ら蝦夷地御用掛が待っていた。

松平忠明が次の間に座る忠敬に尋ねた。「なぜ船は駄目か」。忠敬は「私は海上測量が苦手です。それに長い船旅には難渋いたします」と答える。すると忠明は「今後の船の通行には正確な海路を設定しなければならないと考えて、先年堀田仁助に海上測量を命じた。ところが、堀田は陸路を通って帰ってきた。実にけしからんことだ。陸地の測量では海路を明らかにするのは難しいだろう」と続ける。これに対して忠敬は「蝦夷地から奥州、常陸、上総、下総、房州から江戸までの海岸の緯度と方位、距離が分かれば、海上測量と違って、正しい方位と距離が分かり、ひいては海路も分かるのです」と反論した。

すると忠明、「その方、堀田仁助を知っておるか」と尋ねる。しかし忠敬は何も言わない。何度か「仁助を知っておるか」と聞かれ、ようやく「はい存じております」と答えた。

忠敬は測量機材の大きさと重量を記した目録を羽太に差し出す。羽太はそれを読んで「これでは人足が大勢必要だ。それに蝦夷地で越冬するならともかく、来月出立して9月に帰るのでは充分な測量は出来ないだろう。その点私は固く請け合ってもいい。無限の天に詳しい者なのに、けし粒ほどの蝦夷地については何も知らないのだな」と笑いながら話す。すると、忠敬は「天は至大ですが、日、月、五星、恒星などは日夜見られます。蝦夷地は小さくても目に見えないので測れないのです」と言い返す。

石川将監は話し合いの様子を記録していたが、筆を止めて、「そなたは自分の村だけでなく他村まで情け深い人だと聞いた。そのような者を蝦夷地に遣わして、測量を不成功に終わらせたくない。私は来春まで延ばしたほうが良いと思う」と忠告した。

松平忠明は仁助がつくった二枚の地図を見せ、「この地図を踏まえて測量を希望する場所を願い出よ」という。忠敬はそれを家に持ち帰って2日かけて写した。

伊能忠敬旧宅（千葉県香取市佐原）

興味深いのは、「仁助を知っておるか」と尋ねられた際に何も答えず、3度目にしてようやく「存じております」と答えた点だ。仁助は長年天文方に勤務し、高橋至時や間《はざま》重富らとともに寛政暦づくりに励んでいた。しかも仁助は前年に幕命によって蝦夷地を測量したばかりだ。そのような仁助を知らぬはずはない。このやりとりを通して忠敬の仁助への対抗意識が窺われる。

伊能忠敬、蝦夷地を測る

4月10日、伊能忠敬は霊巌島（霊岸島）の蝦夷会所を訪れ、写し終えた仁助の地図を返して意見書を提出した。

その際、「蝦夷地をよく知らないのでどこを測量すべきか決めかねます。ただ借りた絵図は江戸と蝦夷地の間が一部欠けていますし、蝦夷地でも未測量のところがあります。地図は連続して測量されなければなりません」と報告する。つまりは不備があるので「一から地図を作りたい」というのだ。この言葉には、何があっても蝦夷地まで出かけて、江戸・蝦夷地間の距離を測りたいという強い忠敬の意思が込められている。

閏4月14日、「測量試み」として蝦夷地行きの許可がおり、1日につき銀7匁5分（約1万8750円）の手当が約束された。ただし、隊員の手当ほか不足分は忠敬の持ち出しとなり100両用意した。

5日後、内弟子3名、従者2名とともに江戸を出発。奥州街道を北上し、渡島半島から東蝦夷地沿岸を進んで根室海峡に面した西別（別海町本別海）へ。帰りもほぼ同じルートを通った。旅行日数は180日、うち蝦夷地滞在は117日だった。

10月21日、江戸に帰ると直ちに地図作成に取り掛かり、12月中に大小2種類の地図を上呈した。このうち大図は蝦夷地10枚と奥州街道11枚の計21枚。大図を10分の1にした43万6360分の1の小図は1枚。

小図の題名は「寛

地　名	堀田仁助 (1799年)	伊能忠敬 (1800年)	実際の緯度
浦　賀	35.36② 後に35.17と修正	—	35度08分
小竹浦	38.39①	—	38度23分
東南浦	38.25②	—	38度22分
小渕浦	38.35②	—	38度19分
釜石浦	39.30②	—	39度16分
宮古浦	39.45②	—	39度39分
アツケシ	43.22①	43.02	43度02分
コンブムイ	43.12①	42.58	42度57分
クスリ	43.07①	42.58	42度58分
シラヌカ	42.51①	42.56	42度57分
ビロウ	42.21①	42.17	42度17分
シヤマニ	42.12①	42.07	42度07分
ウラカハ	42.23①	42.08	42度09分
ミツイシ	42.31①	42.13	42度15分
シラヲイ	42.59①	42.30	42度33分
アフタ	42.49①	42.31	42度33分
サハラ	42.35①	—	42度07分
エサン	42.10①	—	41度48分
箱　館	42.08①	41.47	41度46分
松　前	41.40余②	41.28	41度26分
備　考	①「従江都至東海蝦夷地針路之図」 ②「幻空雑記」	「自江戸至蝦夷西別小図」(1800年)	蝦夷地各所の緯度は会所、運上所の計測値

堀田仁助と伊能忠敬の緯度測量値

政十二年測量自江戸至蝦夷西別小図」。縦127×横203㎝。東蝦夷地の海岸と奥州街道が描かれている。また、山たてに用いたと思われる山が絵画的に書かれ、地名が沖に向かって記される。余白には江戸からの距離・方位、各地の緯度などのデータが載る。この辺りは仁助の地図によく似ている。

緯度の数値は仁助の測量値に比べてはるかに正確で、誤差は最大でも2分程度だ。だが、地図上の蝦夷地は北東方向にずれ、東西も圧縮される。

幕府からの指示は安全な海路づくりのための地図作成だった。そこで海上2か所に簡単なコンパス・ローズ（方位羅針盤）が置かれるが、方位線はない。あくまで紙の接合時にずれないように目印として置かれたもののようだ。

忠敬は天文方に長く勤務する仁助に敬意を払わず、「連続した測量がなされない」としてその地図を絵図だと決めつけた。しかし、提出した地図の構図は仁助のものに類似し、精度もさほど変わらない。なによりも、渡島半島の恵山や襟裳岬周辺を始めとして未測量の区間が仁助より広範囲に及ぶ。なお、その区間については、「不測量」と記した上で従前の地図などを参考にして海岸線を補正した。出発前、細見権十郎らから蝦夷地の厳しさについて聞いていたものの、想像以上の過酷さで連続測量を断念したのだろう。また実際に蝦夷地の海岸を歩いてみて、歩測が困難であることも実感したと思われる。

幕府からの指示は安全な海路づくりのための地図作成だった。しかし、この地図はその期待に応えたとは言えないものだった。あくまでも緯度の測定と緯度1度の距離を把握したいと願っていた忠敬にとって、地図製作はあくまで二次的なものだったから致し方ないことだった。

忠敬は第1次測量（「測量試み」）の成果に満足せず、房総半島から東日本の海岸を測量し、西蝦夷地から千島列島に渡ろうと考えた。しかし、幕府はこれを認めず、伊豆半島の調査と房総半島から東日本の海岸の測量を命じた（第2次測量）。調査地域が広がるにつれて、忠敬の地図づくりは本格化し、それとともに次第に地図の精度が高まっていった。

第5次測量からは幕府直轄事業になる。それに伴って測量にあたる人員も増やされ、費用も全額幕府負担となった。これによりいよいよ精緻な測量・製図が行われた。1818（文政元）年に忠敬が亡くなった後も天文方下役と門弟によって地図製作が続けられ、1821年に高橋景保が『大日本沿海輿地全図』（大図214図幅、中図8図幅、小図3図幅）と『大日本沿海実測録』（14巻）を上呈した。その際、蝦夷地は間宮林蔵らの測量成果に拠って作図された。仁助は天体を正しく知った上で、地球上での日本の位置を知り、さらに自分たちのいる場所を理解すべきと考えた。こうして作られた地図は、緯度の観測成果と交会法による観察に基づいたわが国初の試みだった。忠敬はそれ

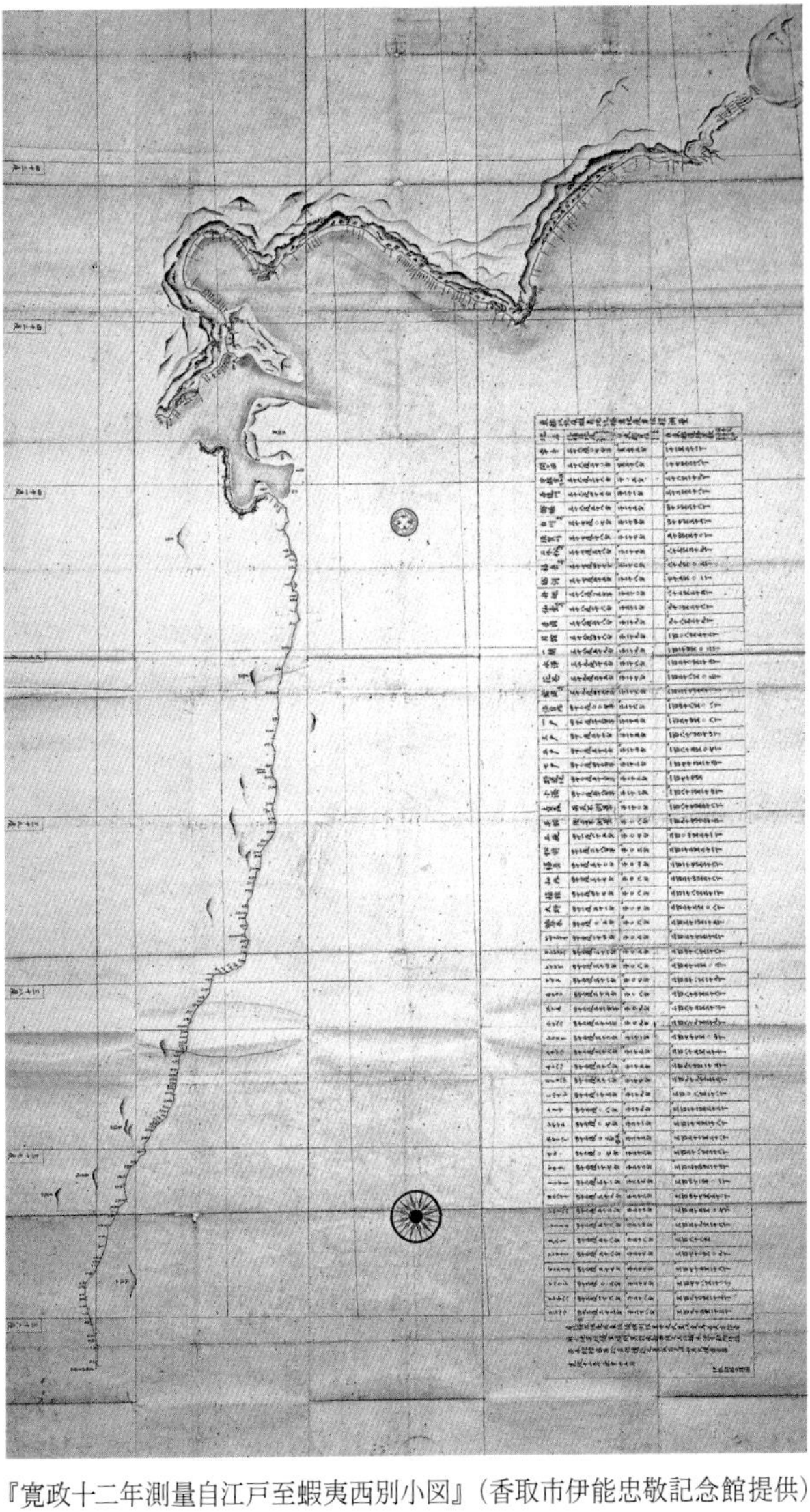
『寛政十二年測量自江戸至蝦夷西別小図』(香取市伊能忠敬記念館提供)

を発展させ、永年に渡って日本全国を測量して精緻な地図づくりに邁進した。
忠敬が蝦夷地に渡ったのはこの1度きりで、その後は津軽海峡を渡ることはなかった。

ニイカップ義経社の算額

江戸から東蝦夷地にかけての地図を蝦夷地取締御用掛に提出した後、仁助は天文方の仕事に戻った。次の改暦作業に携わったと思われるが、時には天体についての講義をした。翌年（1800年）6月3日には八人扶持、馬廻格に昇進する。

6年後、仁助は東蝦夷地ニイカップ（新冠）の義経社に算額を寄進した。その問題が翌年に刊行された『続神壁算法』（藤田貞資閲、藤田嘉言《よしとき》編）に載る。それは難問ではなく、現代の高校生が学ぶ基本的な問題だ（矢嶋裕之による）。

新冠町には源義経ゆかりの判官《はんがん》館があるが、仁助は蝦夷地調査の際にここから太平洋を眺め、宮古、尻屋崎、松前、内浦岳（駒ヶ岳）の方位を観測した。地元の伝承によれば、1799（寛政11）年もしくは1802（享和2）年に近藤重蔵がこの地に義経を祀る小祠を建立したが、後に平取へ移したという（『判官館　伝説と自然』）。

近藤重蔵は、蝦夷地を探検してエトロフ（択捉）に「大日本恵登呂府《えとろふ》」と記した標柱を建て、私費でルベシベツ山道を開削したが、アイヌの人々への物資提供、新たな漁場の開拓などアイヌ民族への深い理解を示した。そして、彼らが源義経を崇めているのを知って木像を寄進して和人との融合を願った。

日高地方には江戸時代末期に義経の木像を祀る小祠が複数あった。平取《びらとり》町本町の義経神社。谷本晃久によれば、1798年11月にエトロフ（択捉）からの帰途、沙流《さる》川の沿岸に近藤重蔵が創建した小祠を前身するという（谷本晃久『近藤重蔵と近藤富蔵』）。日高町字富浜のシノダイ岬付近の義経社は後に門別に移り、1853（嘉永6）年頃、『続妙好人伝』に載る山田屋文右衛門（8代）の孫がここに稲荷神社を建立。さらに1871年に平取に移したという（伊藤孝博『義経北行伝説の旅』）。どうやら明治初期に複数の義経社が平取の義経神社に合祀されたものらしい。

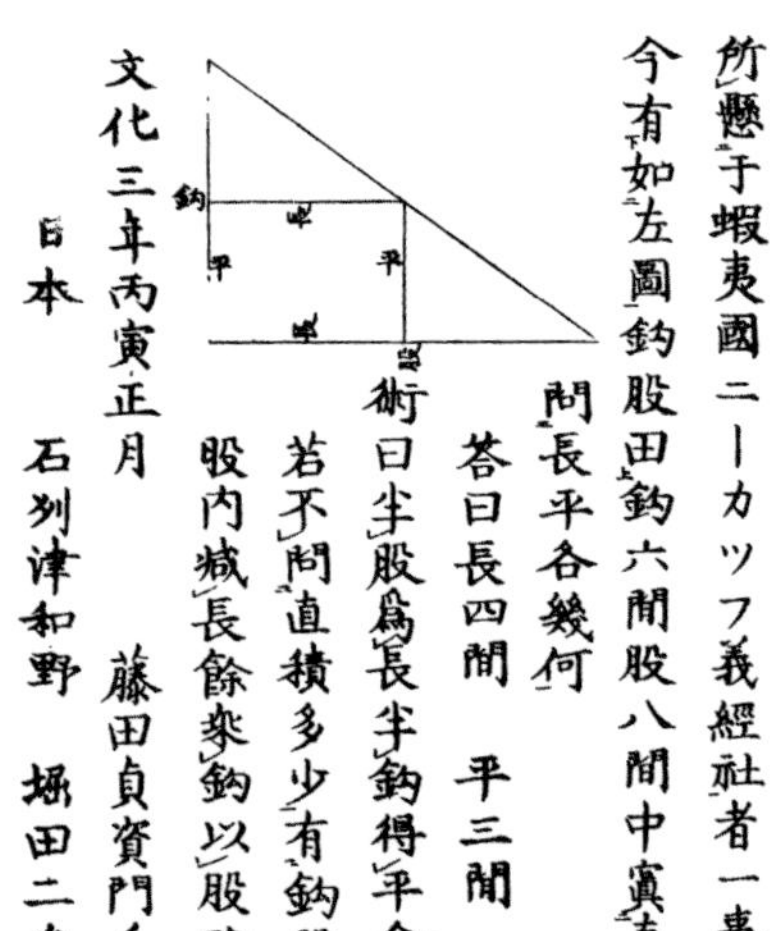

所懸于蝦夷國ニーカップ義經社者一事
今有如左圖鈎股田鈎六間股八間中容直田欲積最多
問長平各幾何
答曰長四間　平三間
術曰半股爲長半鈎得平合問
若不問直積多少有鈎股及長問平者
股内減長餘乘鈎以股除之得平
文化三年丙寅正月
藤田貞資門人
日本　石刈津和野　堀田仁介泉尹

ニイカップ義経社に奉納した算額の問題

仁助の若い頃には、算学の難

問を扁額にして各地の有名な社寺に奉納して好事家に解法を問うのが流行っていた。仁助も江戸柳島妙見堂と鎌倉鶴岡八幡宮に算額を奉納した。心の底には他人に認められたいという思いがあったに違いない。だが今は違う。敬愛する近藤がニイカップに義経を祀る小祠を建てたと聞いた仁助。蝦夷地測量の際に訪れた各地の義経の遺跡を思い出しながら、ここまで導いてくれた算学への感謝の思い、自分と同じ石見ゆかりの近藤への畏敬の念、蝦夷地の安寧を願う気持ちなどを込めて、蝦夷地に向かう官吏に平易な問題を記した算額を託したと見るべきだろう。

石灯篭、天球儀・地球儀の奉納

広島県廿日市市。津和野藩御船屋敷があった廿日市市桜尾本町の北東1・2㎞ほどの場所に佐方八幡神社（廿日市市佐方）がある。仁助が少年時代を過ごした廿日市町東部と佐方村の産土神として地域の信仰を集めていた。1808（文化5）年4月、仁助は八幡宮に石灯篭一対を奉納した。石段の上には今も高さ185㎝の灯篭がある。「文化五戊申四月十一日建之　天文生　堀田仁助泉尹」と刻まれている。

続いて12月には大恩ある津和野藩主亀井矩賢《のりかた》に自作の天球儀と地球儀を献上した。天球儀。木製の球体に真ちゅう製の子午環と呼ばれる輪をはめ、そこに360度の目盛りがつく。それが漆を塗った木製の架台に載る。模様は雲形。直径約36㎝。回転するように作られている。当時使われていた二十八宿をはじめとする257の中国星座と、渋川春海が独自に制定した52の星座（大宰府、曾孫など）が描かれている。星座ごとに色付けされ、天の川が黒く表現されるが、恐らく貼りつけた銀箔が劣化したのだろう。

一部の星座には星座名の傍に注釈が書き加えられている。これは渋川春海の研究成果をまとめた『天文成象《せいぞう》』と、仁助が独自に知りえた成果をあわせて記したものと見られる（龍善暢ほか『堀田仁助の天球儀』）。

広島県廿日市市佐方八幡神社の石灯篭

地球儀。大きさや構造は天球儀とほぼ同じ。赤道と南北回帰線（「夏至規」・「冬至規」）、経緯度線が目に付く。オーストラリア大陸は大きく描かれ、南極大陸と一体になっている。日本近辺では、北太平洋が小東洋と表記され、日本海、支那海の名が見える。蝦夷地の北にカラフトが島として描かれ、蝦夷地の東には国後と択捉が続く。伊豆七島の南東の小笠原諸島は無人島と書かれ、日本海の島根半島沖には隠岐島と竹島と見られる島もある。

　この地球儀は、１７９０（寛政２）年に長崎の通訳・本木良永《もときよしなが》が翻訳したコヴァンとモルチエの地図帖や桂川甫周《ほしゅう》の世界地図などを参考にして製作したものらしい（織田武雄『日本古地図大成―世界図編』）。仁助の蝦夷地測量の成果は反映されていない。

天球儀（津和野太皷谷稲成神社蔵）

地球儀（同上）

　地球儀と天球儀は、蝦夷地踏査の際に持参したものの写しだろう。二つは長く亀井家の所蔵品だったが、１９５０（昭和25）年に津和野太皷谷稲成神社に贈られた。

　還暦を過ぎた仁助は来し方を思い返す。生まれ育った廿日市、広大な土地を測量した東蝦夷地、永年に渡って仕えた津和野藩。それぞれへの感謝の思いが強く湧きあがり、相次ぐ奉納に繋がったと思われる。

天文方を辞す

長く子どもが出来なかった仁助は、妹の子兵之助を養子に迎えて津和野に住まわせた。ところが、年を重ねてから次男信輔が生まれた。この子が元服式を迎えた際には、資料を集めて「元服雛形」という目録のサンプルを作成するほど喜んだ。

信輔は１８１０（文化７）年12月28日に天文方に入った。身分は御暦作御用手伝見習。65歳の仁助にとって、我が子が自分と同じ世界に飛び込んでくれたのはどれほどの歓びだったか。

その信輔。天文方に入って半年経った１８１１年6月2日、第7次測量を終えて江戸に戻った伊能忠敬を訪ねてきたと『伊能忠敬測量日記』に登場する。父の後を追いかけて懸命に仕事を覚えていく信輔。ところが、急に視力が衰えた。それで3年で天文方を辞した。その後は算学の研鑽に励み、１８２８年に算学者の藤田嘉言が亡くなった際には、仁助に代わって墓誌銘を揮ごうした。

悲しみは続く。翌年1月13日、永年苦楽をともにしてきた妻が亡くなった。悲嘆に暮れる仁助に代わって津和野藩が埋葬場所探しに尽力した。その結果、虎ノ門にある天徳寺の塔頭摂取院（港区虎ノ門3-15-5）に決まった。天徳寺は将軍家、越前松平家、松江松平家などの藩主の菩提寺であり、浄土宗江戸4か寺の1つとして知られる名刹だった。津和野藩では2代藩主政矩《まさのり》の夫人・光明院がここに埋葬された。摂取院には3代茲親《これちか》の5女覚泡院が眠る（津和野町郷土館による）。そのような格式の高い寺に埋葬された背景には、仁助に対する藩の格別の配慮があったのはいうまでもない。

この頃から急速に気力・体力が衰えてきた。とりわけ視力低下が著しい。それで何度もお役御免を願い出た。

3年経った1817年2月2日、仁助は江戸城の御用人部屋に呼び出された。ここで村上右衛門が老中土井大炊頭（古賀藩主土井利厚）の書状を読み上げた。「年をとって視力も衰え、ご用向きに差しさわりあるにより、暦作御用手伝を免ずる」。これでほっとする仁助。ところがすぐに続きを読み上げる。「御用筋を辞するのは認めるが、今後天文方渋川助左衛門の相談役として終生江戸に留まるよう命じる」。驚く仁助。「天文方手伝いとして35年勤めてきた。これ以上老齢の自分に何をさせようというのか」。しかし村上は何も説明してくれなかった。さらに若年寄の植村駿河守（家長）からの書状も渡された。そこには「長年の労苦に対して銀3枚を下賜する」と書かれてあった。

津和野藩邸に戻った仁助には、神田橋御玄関取次という新たな役職が与えられた。江戸城を取り囲む複数の堀のうち鎌倉堀に架かる神田橋。将軍が上野寛永寺に参拝するための御成道でもあったので、橋の南詰に置かれた門は厳重に警備されていた。御門内の大番所は、7万石以上の外様大名、または国持大名の分家筋で3万石以上の者が警護するとされ、津和野藩は1802年からその任にあたっていた。ここに勤務せよというのだった。

仁助、伊能忠敬の地図を読む

神田橋御玄関取次に任じられた堀田仁助。そこで彼がどのような仕事をしたかは定かではない。ただ在任中の9年間に5回功労金を下賜され、1821（文政4）年2月24日に前藩主亀井矩賢が逝去した際には、矩賢の遺言により紋付小袖を贈られた。

この間、伊能忠敬による全国測量と地図の製作が着々と進んでいた。1818年に伊

『江戸見附写真帖』に見える明治初期の神田橋御門（国会図書館デジタルコレクション）

能が死去すると、高橋景保を中心に作業が続けられた。そして矩賢逝去から6か月後に『大日本沿海輿地《よち》全図』が完成する（大図214枚、中図8枚、小図3枚）。

1824年、高橋はそれを一望できる日本図に編集するとともに、忠敬の調査記録を網羅した『地勢提要』を著した。その2つを1枚にまとめたのが『日本国地理測量之図』だ。伊能の小図（縮尺43万2千分の1）を2分の1にした地図の周辺に、主な地名・緯度・江戸からの里程、北極出土地（緯度）、東西里差（経度）、道路里程など忠敬の測量成果が数多く載る。また地名は沖に向かって縦書きした。この地図の囲みの配置や表記方法は、仁助の地図に似ている。

津和野太鼓谷稲成神社には、『日本国地理測量之図』を仁助が書き写した地図がある。縦517・6〜518・2㎝×横524・1〜525・1㎝と16畳分ほどの大きさだ。中央に石狩湾以南の蝦夷地から九州までの日本列島が置かれる。陸地は国別に黄色、緑、薄紫、桃色、紫色で塗り分けられ、周囲を関連記事が取り囲む。その中には彩色された「地図凡例」はじめ何枚もの注釈が貼りつけられている。

注釈では蝦夷地に関する情報が実に多くみられる。さらに地図上部には箱館（函館）周辺の地名と水深を記した「箱館湊近海浅深測量」という地図が貼られている。

『日本国地理測量之図』の写本は国立公文書館本はじめ他に4本あるが、それぞれ少

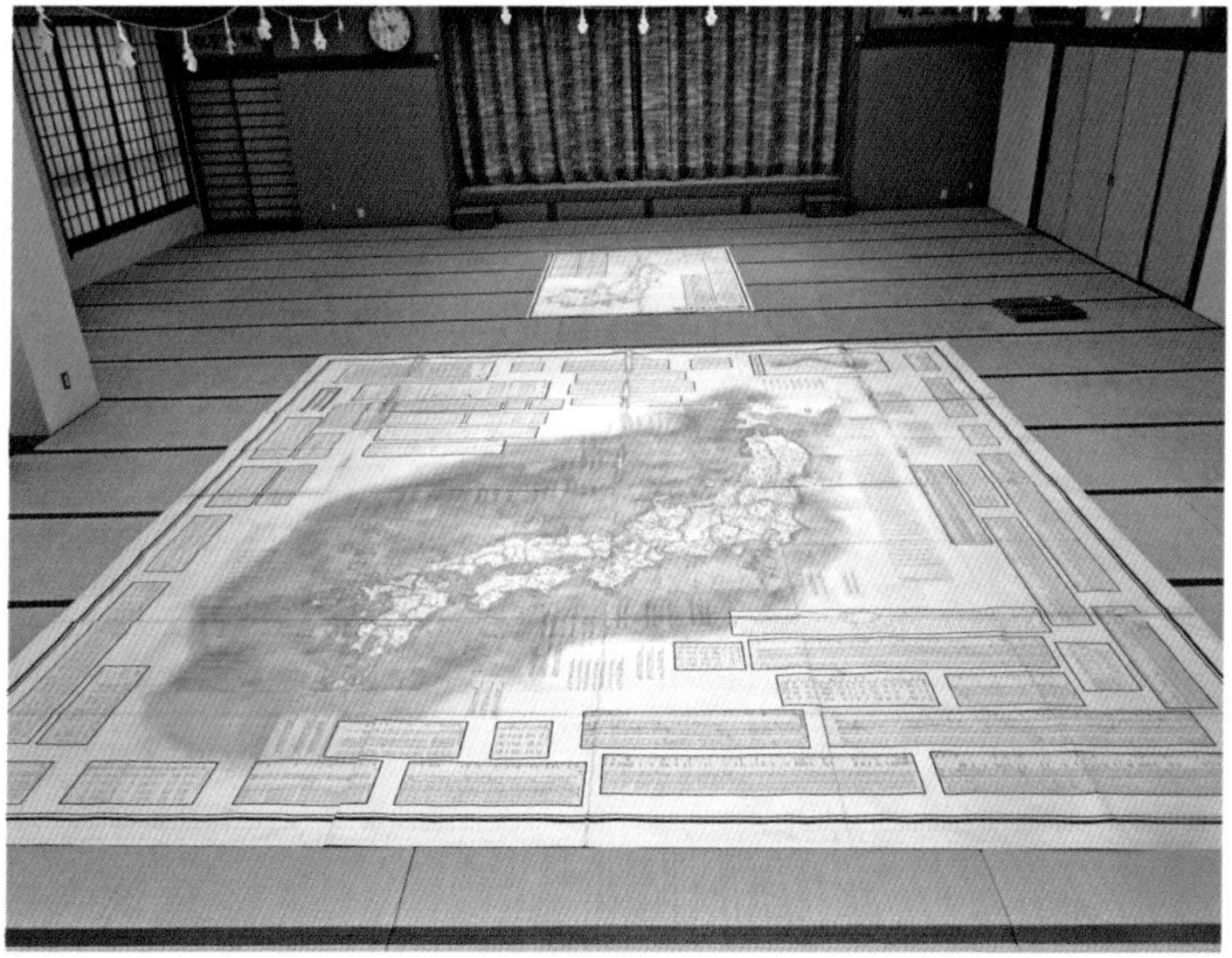

『日本国地理測量之図』（津和野太鼓谷稲成神社蔵）

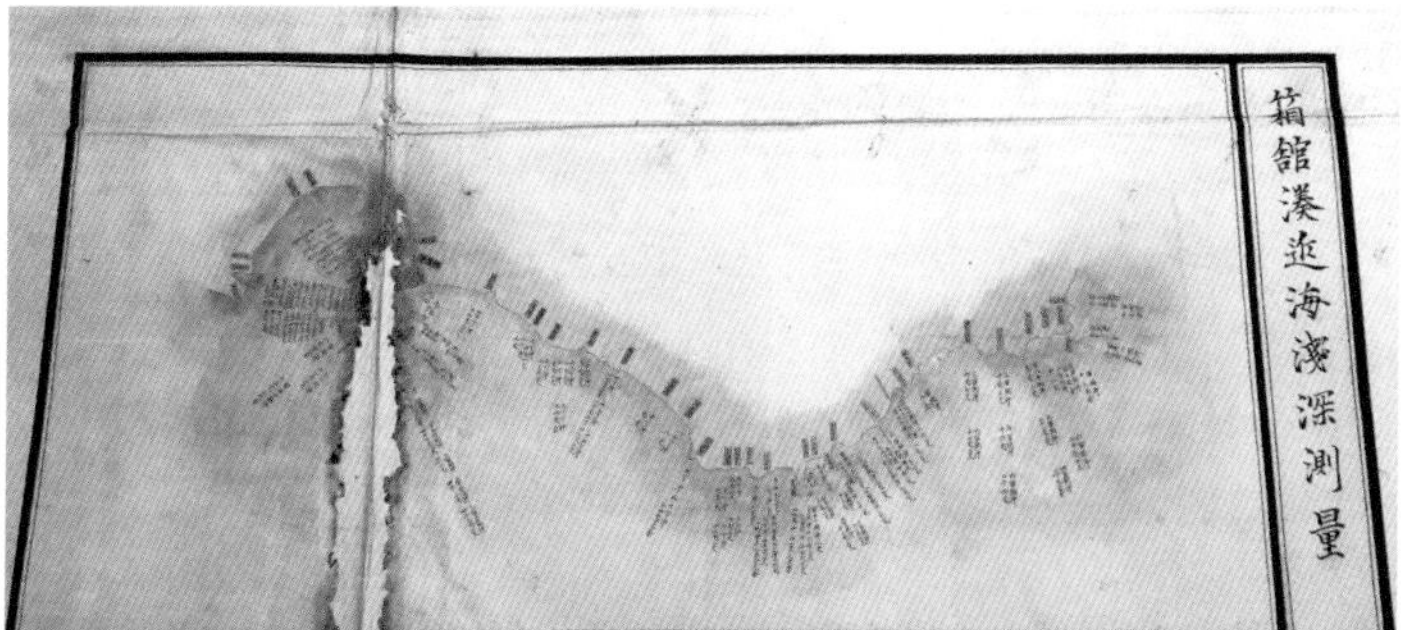

『日本国地理測量之図（部分）』（同）

しずつ表記内容が違う。仁助が書き写したものは、蝦夷地や諸島・海洋に強い関心を持った描写が特徴的だ（菊地智博ほか「江戸幕府天文方堀田仁助関係絵図調査記録」）。仁助は自らの製図経験から、海上交通に役立つものをと考えて忠敬の地図に付け足したと思われる。

神社には、この地図とセットになった『東三十三国沿海測量図』も所蔵されている。大きさは縦272・4×横214・8㎝。1803年頃、伊能忠敬が東日本の沿岸測量を終えると、翌年それを「沿海地図」という東蝦夷地を含む東日本全域の地図にした（中図3枚、小図1枚）。この小図を2分の1に縮写したのがこの地図だ。本図では、山たてに用いられたと思われる各地の高山が記され、方位線も見える。このうち、蝦夷地については、伊能測量隊以外の測量成果に基づいて作図されたが、それが何かは不明だ。仁助は東蝦夷地の納沙布岬以南の東日本を正確に模写した。

2枚の地図は、天球儀・地球儀と同じようにその後亀井家の所蔵品となり、1950（昭和25）年に津和野太皷谷稲成神社に贈られた。

1817年2月、老中土井利厚が仁助に江戸へ留まるようにと命じた真の目的は、伊能図の正しい評価をさせようという狙いがあったのではないか。仁助はそれに応え、神田橋御玄関取次の役職にありながらも、伊能図をよく読み丁寧に分析する。その上で安全かつ安定した航路づくりのための独自の情報を足した。そこに伊能への対抗心は露ほどもない。『日本国地理測量之図』を冷静に分析し、不足と思われるところに自ら蒐集したデータで補おうとした仁助。仁助こそは最初の伊能忠敬研究者であり、理解者だったと言えるのではないだろうか。

己れに与えられた職務を愚直に遂行した仁助。彼の地図づくりの仕事は、忠敬の地図の注釈をもって終わる。この時80歳。品川沖を神風丸に乗船して蝦夷地に出発してから25年が経っていた。

津和野に帰る

伊能忠敬の日本地図（小図）を編集した『日本国地理測量之図』（特別小図）に詳細な海洋情報を書き加えて海上航行の安全性を高める。それが堀田仁助の最後の仕事だった。この地図と『東三十三国沿海測量図』を天文方に提出した仁助は、１８２６（文政９）年9月に改めて帰郷を願い出た。「82歳となっていよいよ目も見えにくくなっております。どうか国元に帰らせて下さい」。

３か月経った12月21日、仁助は津和野藩邸に呼ばれた。藩主の前で頭を下げて座る仁助。山路左膳が「その方に新知行60石を給す」と恭しく文書を読み上げる。やがて顔をあげた仁助を見ながら「来春帰国なさいますように」と付け加えた。

翌年4月1日、藩邸で仁助の長寿を祝う会が開かれた。それは永年の勤めを慰労する集いでもあった。仁助はそれがうれしくて献立表や箸袋を持ち帰った。それが今も子孫の家に残されている。

6月3日、13年前に亡くなった妻の墓に手を合わせ、「曄林院《ようりんいん》真月乗蓮大姉」と記された位牌とともに江戸を出発した。東海道と山陽道は馬に乗り、上方からは船で瀬戸内海を西に進む。数日後、穏やかな広島湾に入ると前方に弥山《みせん》が見えた。宮島だ。それを眺めながら湊に近づくと、磯の匂いが強く感じられた。

45年ぶりに廿日市に戻って来た仁助。湊では津和野藩の御船屋敷の人々が出迎えてくれた。その中に知っている顔はほとんどいない。ただ、こどもの頃に住んだ長屋、遊んだ路地、佐方神社の社叢は昔のままだった。全てが懐かしい。

仁助が生まれた廿日市。沖合に多くの牡蠣いかだが浮かぶ

仁助が晩年を過ごした津和野町森村の町並み

故郷に着くと、真っ先に本陣近くの潮音寺（廿日市市須賀９丁目）を訪ねた。ここに両親と祖先が眠っている。墓前に妻の位牌を置き、両親に帰郷を報告して手を合わせた。数日後、仁助は津和野街道を西に向かった。汐見（明石）峠で振り返ると、廿日市の町が見えた。その先に夏の海が輝いていた。

中国山地を横断する津和野街道は相変らずの険路だった。進むうちに東蝦夷地の沙留山道や様似山道などが思い出される。山の匂いを嗅ぎ、蝉や鳥の声を聴きながら津和野に向かう。17歳の時に初めて通った時と何も変わっていない。

４日後の６月24日、仁助は津和野に着き、長男の住む家に入った。そこは津和野街道の起点に近い森村落田だった。津和野町郷土館によれば、町立図書館の北東側に近接する辺りだったようだ。城下町を南北に流れる外堀のさらに外側にあたる。

江戸の荷物を家に運び込む仁助。その中には蝦夷地測量の際に用いた道具類や作成した地図の他に蒐集した複数の地図があった。

生涯を閉じる

津和野に帰った仁助は、家で藩士の子弟に数学を教えたり、暇な時は囲碁を打っていたと伝えられている。薫陶を受けた中から木村俊左衛門、桑本才次郎ら和算家が出たという。一説には藩主茲尚《これなお》によって藩校養老館助教に任じられ、関流数学を教えたというが、それを裏付ける史料はない。時折養老館で講義をしたというのが真相ではなかったか。

津和野町郷土館には仁助の製作した『従江都至東海蝦夷地針路之図』が収蔵されている。これは仁助が養老館で披露し、後に藩に寄贈したものと思われる。藩校に通った生徒の中には、この地図を見て胸を躍らせ、蝦夷地を始め世界に夢を馳せた者もいたに違いない。

最晩年に書いたと見られる書が子孫の家にある。

華葉紛擾溺。采之薦宗廟。可以羞嘉客。豈無園中葵。懿此出深澤。

中国三国時代の魏の劉楨《りゅうてい》が、これから宮仕えを始める従弟に贈った「贈従弟」という三首からなる詩の1つを抜粋したものだ。大意は次の通り。

（浮草が揺らぐ水辺の岸辺には）花と葉が入り乱れ、どれがどれやら分からなくなっている。花や葉を採集して、先祖を祀る廟に捧げて賓客にも見せよう。この庭に素晴らしい葵はないと決めつけてはならない。立派な葵は深く水きらめく泉に生えているものだ。しっかり探そうではないか。

なにもかも混沌としていた時代にあって、蝦夷地測量を通して入手した資料や自らが作った地図や天球儀・地球儀を藩公の祖廟に捧げ、賓客にも披露したいという思いが込められているようだ。

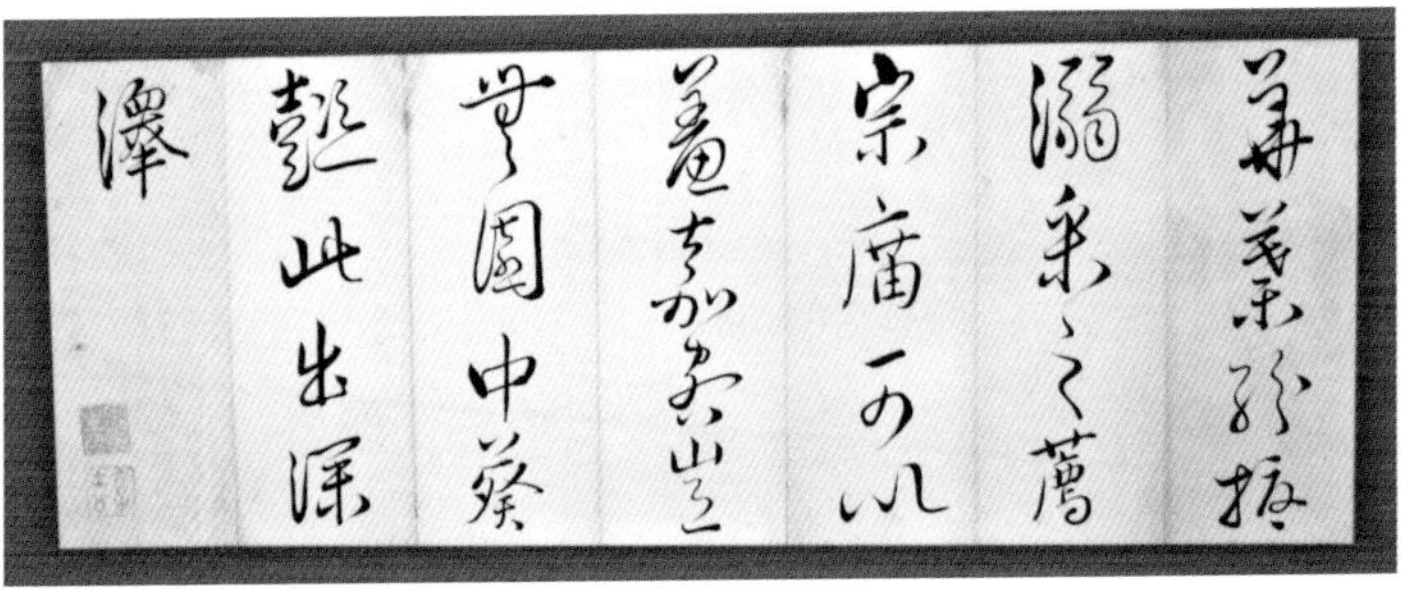

仁助晩年の書

15歳で父を失い、家族を養うために仕官。津和野では仕事のかたわら算学を学び、19歳で参勤交代に同行して江戸に出る。21歳で甲斐国（山梨県）の水害の復旧作業に従事した際、「河川の氾濫は1年の中でも周期性がある」と知り、出水時期を予測するために天文学を学ぶ。37歳の時、公儀暦作御用に命じられて幕府天文方に入り、寛政暦という新暦づくりに励んだ。54歳の時、東日本から北日本にかけての太平洋沿岸を海上から測量、東蝦夷地の海岸は歩いて測量して、それをあわせて地図にした。これによって、江戸と東蝦夷地を結ぶ外洋航路が拓かれた。83歳で津和野に帰り、その成果を藩主に献上。そんな自身の人生をこの漢詩に重ねたと思われてならない。養老館に学ぶ若い人々、子や孫への仁助の最後のメッセージだったのではないだろうか。

1829年9月5日、仁助は85年の生涯を閉じた。墓は津和野城の北にある永明寺浴《えき》につくられた。

仁助の墓は多くの藩士の墓とともに

堀田仁助の墓

谷奥の急斜面にある。苔むした小さな墓だ。己に課せられた仕事を粛々とこなし、なすべき仕事を終えたら静かに舞台を降りる。手柄は周囲のものとし、決して自分の業績を喧伝しない。そんな謙虚で真摯な仁助の人柄を示すのにふさわしいものに思える。

遠藤利貞の調査

１８５３（嘉永６）年４月16日、津和野城下の南にある上市（鷲原法音寺下）付近から出火。強い南風にあおられて燃え広がり、城下の半数を超える１８００軒が類焼した。この時堀田家も焼けたが、堀田仁助の３代子孫の堀田泉音は家にあった仁助の資料をなんとか持ち出した。しかし、火事に備えて近所の土蔵に預けていた地図製作に関する資料は全て焼失したという（澄川正彌『津和野の和算家』）。

この火事では、現在の津和野小学校付近にあった藩校養老館も焼けた。

養老館。７代藩主矩貞が藩校創設を試みるも度重なる災害で断念。その意志を引き継いだ９代矩賢が財政難に苦しみながらも１７８６（天明６）年に創設した。さらに11代茲監《これみ》は校舎を増築し、従前の朱子学重視から国学中心にして時代にあわせた教育内容に変更した。その矢先の火事だった。

しかし、藩主は諦めない。すぐに再建に乗り出し、２年後に殿町に移転・再建した。

ここから次々に次世代を担う俊英が巣立った。中には仁助の後を追うような者も現れた。

早くは西周が一橋（徳川）慶喜に「蝦夷地開拓の儀」を上申。明治になると、高岡直吉《ただよし》が津和野から札幌農学校に入り、卒業後北海道の支庁長や参事官を務め、宮崎県知事・島根県知事を経て、初代の札幌市長となった。高岡の弟の熊雄は、札幌農学校卒業後に北海道帝国大学（北海道大学）の教員となり、後に総長となって寒冷地の農業開発に貢献した。

明治維新後、5代子孫の末吉は士分を離れたのを機に津和野から美濃郡飯浦村（益田市飯浦）に移り住んだ。

それから40数年経った1914（大正3）年3月、数学者遠藤利貞が末吉を訪ねてきた。衰退著しい和算の歴史を後世に伝えるため資料調査をしていた遠藤は、焼失を免れ

高岡兄弟の生家跡に建つ顕彰碑。その前の南北の道は高岡通りと呼ばれている

た仁助の資料を見て感激し、その価値を末吉に話した。末吉は「資料を守る」と決め、遠藤の所属する帝国学士院に地図6点とコンパスを寄贈した。

地図の中には、『品川より宮古に至る図』、『奥州海岸地図（江戸湾より）』、『日本海岸地図（紀伊半島〜東海道〜奥州）』など仁助の調査に関わる地図とともに、ロシア語表記の『万国地図』もあった。エカテリーナ2世の恩沢を太陽に称えて礼賛する絵も描かれていて、1792年に大黒屋光太夫が帰国した際に持ち帰ったものを書き写したと見られている（海野一隆『東洋地理学史研究　日本篇』）。このほか日本語表記の『万国地図』や『九州地図』もあった。

学士院は末吉の住む小野村役場に礼状と木

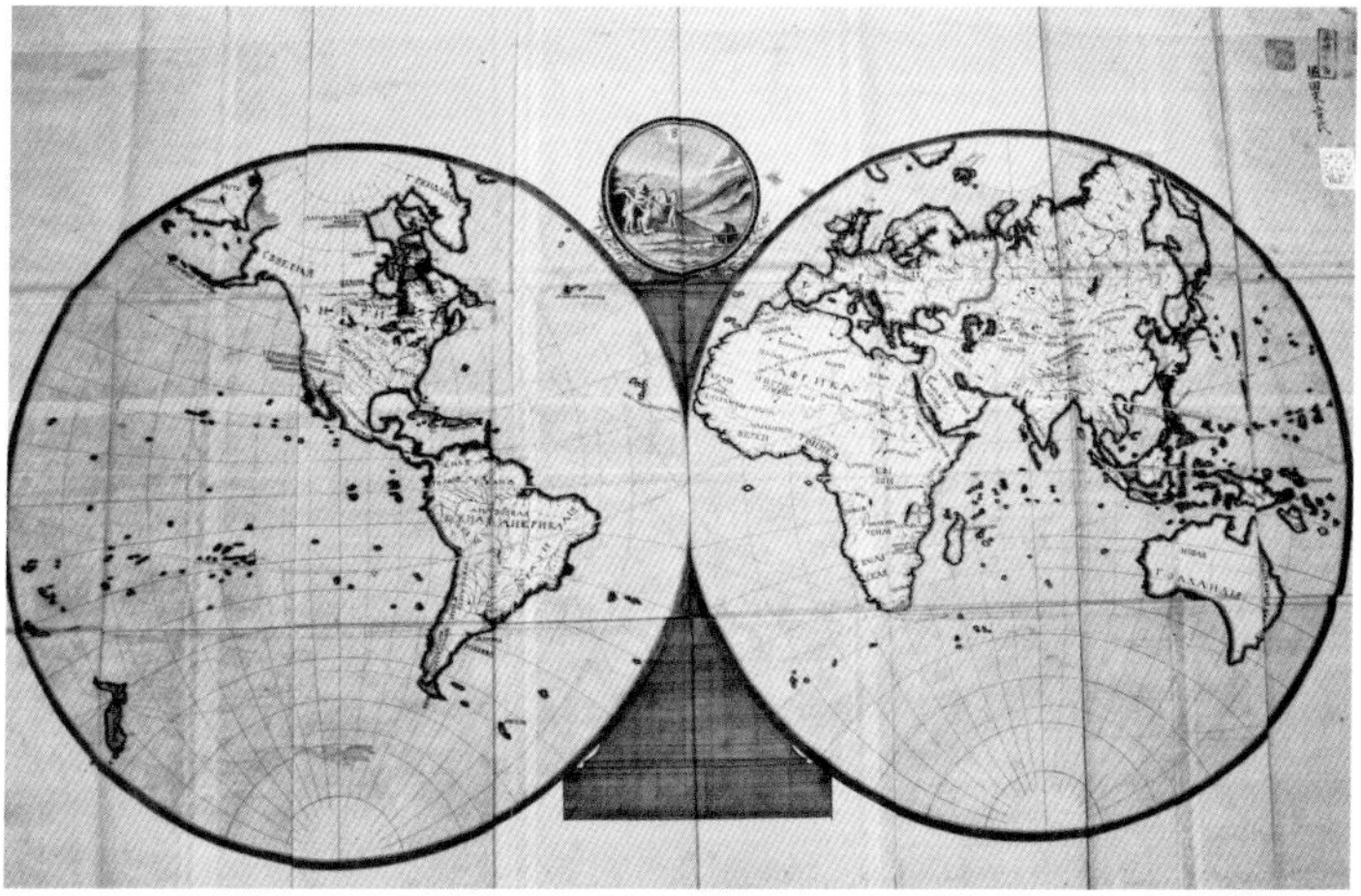

ロシア語表記の「万国地図」（日本学士院蔵）

杯を送り、これを堀田家に届けるようにと依頼。仁助の偉業を知った村役場は驚いて、ただちに「その功績をたたえて位階を贈って欲しい」と県や国に働きかけた。その結果、翌年9月30日、仁助に従七位が贈られた。「贈位内申書」（国立公文書館蔵）には「暦学を航海に応用した最初である」、「その功績は贈正四位伊能忠敬に相譲らず」として「正五位もしくは従五位を贈るべし」との付帯意見が載る。

堀田家を訪ねた時、遠藤は重病に侵されていた。それにもかかわらず、帰京するや借りて来た『堀田家由緒書』を元に仁助の業績を一気にまとめあげ、ほどなくして他界した。報告書の一部を写した『津和野の和算家』が津和野郷土館に残されている。遠藤がいなかったら、仁助は誰にも知られず忘れられていただろう。

大器晩成

津和野藩士堀田仁助は、天文学の測量方法を地図製作に援用した。彼の仕事は伊能忠敬の第1次測量とそれに基づいて作成された『寛政十二年測量自江戸至蝦夷西別小図』に少なからず影響を与えたとみられるが、その存在はあまり知られていない。

一方の忠敬は多くの国民が知る存在だ。こうなるまでには多くの人々のたゆまぬ努力があった。

忠敬が広く知られるようになったのは明治時代半ば以降だった。日本赤十字社の前身である博愛社を創設した佐野常民が、忠敬の正確な日本地図を見て感服し、その努力に報いるために贈位と顕彰碑建立を提唱した。それが１８８３（明治16）年の「正四位」贈位につながった。さらに、１９０４（明治37）年に修身（道徳）の国定教科書に「勤勉な努力家でわが国の正しい位置と形を明らかにした人物」として載ると、忠敬は多くの人々に受け入れられた。

ところが、敗戦によって戦前の価値観は崩壊し、それまで有名だった歴史上の人物は姿を消した。この時、忠敬の住んでいた佐原（香取市佐原）の人々は、「忠敬は自分の頭でものを考え、真理探究に努めた模範的人物である」という新たな評価を与えて顕彰運動を重ねた。その結果、多くの教科書に載り、各地に銅像が立つようになった（酒井一輔「時代と伊能忠敬―「偉人・伊能忠敬」像の形成と展開」）。

晩夏の北海道。海岸の砂浜に広がる花園を歩くと、草葉の中に真紅のハマナスの実が見え隠れする。実に混じって枯れた花びらも残る。

決して自らを喧伝せず、ひっそりと実をつけて未来に繋ぎ、役割を終えたら静かに生を終える。そんなハマナスが堀田仁助の生き方に重なって見える。

それはそれでよい。だが、私たちは仁助の仕事を誰にも知られぬまま埋没させる訳にはいかない。「かけた情けは水に流し、ご恩は石に刻め」という言葉を大事にする石見《いわみ》人《びと》には、仁助の業績を後世に伝える責務があるだろう。

「大器晩成」。『老子』の一節にある言葉だ。大きな四角形はあまりに大きすぎて角が見えない。同様に大きな器も大きすぎていつまでも完成しないように見える。それと同じで、大きな仕事を成すには途方もない時間がかかるという意味だ。徳川吉宗がわが国独自の技術によって暦と地図をつくろうと考えてから数十年後に仁助らが実現させたように、仁助の仕事の全容が明らかになるまで膨大な時間を要するに違いない。先学から探求のバトンを託された私は、いつの日か仁助の仕事の全てが解明され、多くの人々に評価される日が来るに違いないと信じ

北海道白糠町恋問海岸のハマナス

て、彼の足跡を訪ね歩いてきた。改めて前を見ると、仁助へ向かう道ははるか先に続いている。次々に旅人は代わっても、決して旅を終わらせてはならない。旅はまだ始まったばかりだ。

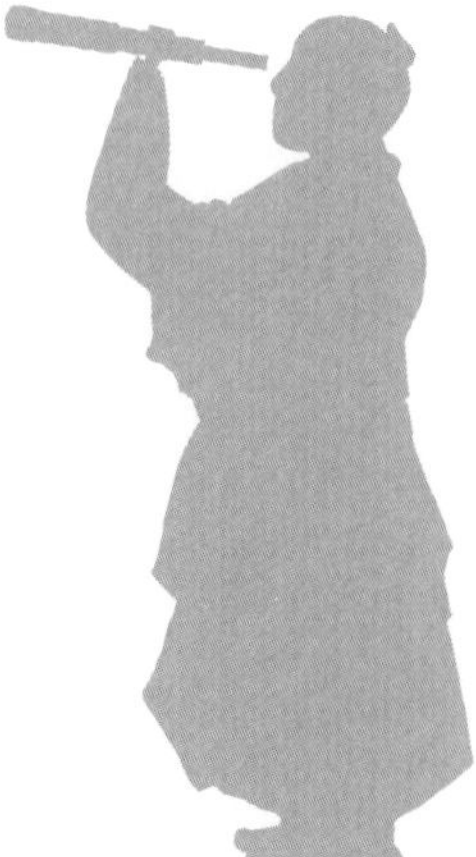

堀田仁助年譜

（2023年1月9日現在）

堀田仁助泉尹《いずただ》、幼名兵之介

1745（延享2）年　正月5日　廿日市（現廿日市市桜尾本町5-15）に生まれる(8)。6日後の11日に伊能忠敬誕生。

1755（宝暦5）年　父嘉助が伊藤姓を堀田姓に改姓(2)。7代藩主亀井矩貞《のりさだ》公に飫肥藩主伊藤祐隆《すけたか》の娘瑶泉院が輿入れしたのに伴い、家中の伊藤姓を改姓したか。

1759（宝暦9）年　6月15日　父嘉助病死(2)。「正授院深覺院諦心居士」。
閏7月28日　壱人半扶持で御船手役所筆役見習となる(2)。

1760（宝暦10）年　12月　半扶持加増(2)。

1762（宝暦12）年　9月　津和野に移る(2)。

1764（明和元）年　10月21日　勘定所見習となる(2)。
この頃　金丸常永の弟湯永経に算学を学ぶ(8)。藩主の参勤の際に私費で供し、坊主代勤となる(2)。

1765（明和2）年　12月　御切米4石となり、留守居組となる(2)。ご褒美として銀1両を下賜(2)。大納戸手伝(2)。

1766（明和3）年　2月　甲州川普請手伝。ご褒美銀3両を下賜(2)

1767（明和4）年　6月5日　母逝去(2)。「浄岸院池光蓮庭大姉」。

1769（明和6）年　8月13日　細井十郎兵衛とともに大坂へ派遣され、その後津和野に帰る(2)。

1770（明和7）年　浜田藩に松平周防守左京亮入部の折、歓待のため小笠原台蔵とともに派遣される(2)。

1773（安永2）年　春　1424軒焼ける大火事が起きた。太鼓谷稲成神社建立。

1782（天明2）年　6月11日　公儀暦作御用を命じられる(2)。藩主亀井矩貞の参勤に従って江戸へ(2)。

この年　銀1両下賜(2)。

1783（天明3）年　4月18日　父の隠居により藩主亀井矩賢が家督を継ぐ(2)。

12月1日　2石加増(2)。

冬　自宅類焼(2)。翌年1月、藩から見舞金が出る(2)。

1784（天明4）年　3月　奏御馳走役、御玄冠御帳付(2)。

1785（天明5）年　本所柳島妙見堂（法性寺）に算額を奉納。

1788（天明8）年　2月　鎌倉の鶴岡八幡宮に算額を奉納。

1790（寛政2）年　『算学累年録』に仁助作成の問題が載る(1)。

1791（寛政3）年　4月13日　五人扶持を給される(2)。

1793（寛政5）年　3月13日　家老の牧図書助に呼ばれ、蝦夷地御用を命じられる(2)。

御普請請役並の待遇（支度金3両。御証文）を受ける(3)。

3月19日　公儀より10両を賜る(2)。

1799（寛政11）年　3月　神風丸（1460石）新造(3)。

6月27日　門弟3人（深津小志太・木村清蔵・鈴木周助）・召使3人を従え記録係河村五郎八と共に御用船神風丸に品川で乗船する(2)。
7月1日　品川沖を出帆(2)。
7月2日　浦賀に入港、上陸して測量(2)。
7月6日　浦賀を出港(2)。
7月13日　小竹湊に入港(2)。
7月14日　松島湾に入り測量、東名湊で米塩樽などを積みこむ(2)。
7月22日　東名湊を出帆(2)。
7月23日　牡鹿半島の小淵入港・測量(2)。
7月24日　小渕出港するも、霧雨のため5日間海上を漂う(2)。
7月29日　仙台・南部両藩の境にある女川入港(2)。
7月晦日　釜石入港(2)。
8月4日　釜石を出港(2)。
8月4日　神風丸が宮古の鍬ヶ﨑湊に入港。20日ほど風待ちをする。この間16日と23日に出港するが、風がなく戻る(2)。
8月25日　宮古を出帆(2)。
8月29日　アツケシ（厚岸）に入港。緯度を測量し、周辺の地形・人物・言葉・文化などを具に取材する(2)。
9月5日　アツケシを出発。蝦夷地の太平洋沿岸を測量しながら陸路を松前に向かう(2)。
10月9日　箱館に到着する。さらに松前まで行き、津軽海峡を渡る(2)。
11月15日　三厩から奥州街道を経て測量をしながら江戸に到着する(2)。
この月『従江都至東海蝦夷地針路之図』完成。
この年　堀田仁助・鈴木周助『幻空雑記』成立。

1800（寛政12）年　6月3日　八人扶持、馬廻格に昇進する(2)。

1802（享和2）年　12月　春の天象について申上する(2)。
この年　鈴木周助『蝦夷地開国之記』成立。

1803（享和3）年　この年　鈴木周助『蝦夷地開発記』成立。

1806（文化3）年　東蝦夷地ニイカップ（新冠）の義経社に和算の額を奉納(8)。

1808（文化5）年　4月11日　廿日市市の佐方八幡宮に石灯篭を寄贈(6)。
12月　自作の天球儀と地球儀（太皷谷神社所蔵）を津和野藩宝庫に寄贈(4)。

1810（文化7）年　12月28日　次男堀田信輔、御暦作御用手伝見習となる(2)。

1811（文化8）年　6月2日　堀田信輔、伊能忠敬を訪問(11)。

1813（文化10）年　6月13日、信輔眼病により辞任(2)。

1814（文化11）年　1月13日　妻死去、江戸天徳寺天徳寺塔頭摂受院に埋葬(5)。
この年『對數表』を著す(1)。

1817（文化14）年　2月2日　高齢と視力低下（眼病）を理由に暦作御用手伝の辞職を許される。
その際、老中土井大炊頭より渋川助左衛門の相談役として生涯江戸に留まる

	よう命じられる。長年の労苦に対して銀3枚を賜る(2)。
	2月　神田橋門御玄冠取次となる(2)。
	4月14日　永年の御暦作御用につき二人扶持加増(2)。
1818(文化15)年	4月13日　伊能忠敬死去。
1818(文政元)年	6月3日　留守中御取次の労により金100疋を賜る(2)。
1819(文政2)年	6月　在府中御取次の労により金200疋を賜る(2)。
1820(文政3)年	6月　御留守中出精勤につき金200疋を賜る(2)。
1821(文政4)年	2月24日　藩公亀井矩賢公死去。
	4月　矩賢公の御遺言により紋付小袖を賜る(2)。
	7月10日　伊能忠敬『大日本沿海輿地全図』完成。
1822(文政5)年	6月　金100疋を賜る(2)。
1823(文政6)年	6月　金100疋を賜る(2)。
1824(文政7)年	伊能忠敬『日本国地理測量之図』が編纂される。
	この後、仁助が『日本国地理測量之図』に独自の注釈や解説をつける。
1825(文政8)年	5月27日　弐人扶持加増(2)。
1826(文政9)年	9月　国元への帰国を天文方に願い出る(2)。
	12月21日　茲尚公から新知行60石を給され、来春の帰国を許される(2)
1827(文政10)年	4月1日　茲尚公が年賀祝として料理と金一両を下さる(2)。
	6月3日　江戸を出発。24日津和野に帰り、森村落田に住む(2)。

	この頃「華葉紛擾溺。采之薦宗廟。可以羞嘉客。豈無園中葵」（「漢魏六朝百三名家集」より）を書く。
1829（文政12）年	9月5日　没。84歳。永明寺浴に墓をつくる(5)。
1853（嘉永6）年	4月16日　津和野大火。仁助の遺品の多くが焼失(9)。養老館が殿町に移設される。
1914（大正3）年	10月17日　美濃郡飯浦に住む堀田末吉が、仁助の資料を帝国学士院に寄贈(8)。
1915（大正4）年	9月30日　堀田仁助に従7位が贈られる(10)。
1950（昭和25）年	伊能忠敬『日本国地理測量之図』と『東三十三国沿海測量図』の写しおよび天球儀・地球儀が亀井家から太皷谷稲成神社に寄贈される。

※註

(1)東北大学附属図書館狩野文庫蔵。
(2)堀田仁助由緒書（岡宏三「史料紹介「蝦夷地開発記」と堀田仁助の由緒書」（『古代文化研究』17、2009年）。
(3)羽太正養『休明光記』（『北海道大学未公開古文書集成』第4巻、1978年）。
(4)太皷谷稲荷神社所蔵地球儀の箱書。
(5)堀田家資料。
(6)佐方八幡宮由来（石碑）。
(7)函館市中央図書館資料。
(8)日本学士院資料。
(9)澄川正彌『津和野の和算家』。
(10)『大正大礼贈位内申書』巻30。
(11)伊能忠敬日記。
無印　筆者調べ。

引用・参考文献

［全体］

・堀田仁助・鈴木周助『幻空雑記』（函館中央図書館蔵）（1801年写）
・高木崇世芝『近世日本の北方図研究』（北海道出版企画センター、2011年）
・谷元旦『蝦夷奇勝図巻』（朝日出版、1973年）
・『新北海道史』第2巻（北海道、1970年）
・『函館市史』（1974―2007年）、函館市地域史料アーカイブ
・岡宏三「史料紹介『蝦夷地開発記』と堀田仁助の由緒書」（島根県古代文化センター『古代文化研究』17、2009年）
・『角川地名辞典　北海道（上・下）』（角川書店、1987年）
・『北海道の地名』（平凡社、2003年）

［はじめに］

・高倉新一郎『北海道古地図集成』（北海道出版企画センター、1987年）
・秋月俊幸『日本北辺の探検と地図の歴史』（北海道大学図書刊行会、1999年）

［第1章　若き日の堀田仁助］

・『島根県の歴史街道』（樹林舎、2006年）
・沖本常吉『津和野町史』第3巻（津和野町史刊行会、1989年）
・司馬遼太郎『街道をゆく』27（朝日新聞社、2009年）

・『図説廿日市の歴史』（廿日市市、1997年）
・野津左馬之助『鹿足郡誌』（鹿足郡町村長会、1935年）
・『山梨県のあゆみ』（山梨県、2008年）
・『山梨県史』通史編3（山梨県、2006年）
・藤田貞資閲、藤田嘉言編『神壁算法』（1789年）
・小寺裕『だから楽しい江戸の算額』（研成社、2007年）
・佐々悦久『大江戸古地図散歩』（新人物往来社、2011年）

［第2章　蝦夷地の緊張］

・菊池勇夫『近世北日本の生活世界―北に向かう人々』（清文堂出版、2016年）
・笹澤魯羊『宇曾利百話』（下北郷土会、1961年）
・工藤睦男編『大畑町史』（1992年）
・札幌市教育委員会編『新札幌市史』第1巻（1989年）
・松田伝十郎『北夷談』（高倉新一郎編『日本庶民生活史料集成 第4巻　探検・紀行・地誌　北辺篇』、三一書房、1969年）
・司馬遼太郎『菜の花の沖』（全6巻）（文芸春秋、1982年）
・羽太正養『休明光記』（『北海道大学未公開古文書集成』第4巻、1978年）
・松浦武四郎『夕張日誌』（1857年、国立国会図書館デジタルコレクション）

［第3章　東北地方沿岸を測る］

・吉澤孝和『量地指南に見る江戸時代中期の測量術』（建設省中部地方建設局天竜川上流工事事務所、

1990年)。
・林鵞峰『日本国事跡考』(1643年)
・村上直次郎訳註『ドン・ロドリゴ日本見聞録 ビスカイノ金銀島探検報告』(奥川書房、1931年)
・蛯名裕一他「『ビスカイノ報告』における1611年慶長奥州地震津波の記述について」(『歴史地震』29、2014年)
・遠山景晋(金四郎)『続未曽有後記』(1807年)
・上白石実「遠山景晋がみた南部領―未曾有記から―」(『盛岡大学紀要』35、2018年)

[第4章 東蝦夷地(幕府直轄地)を測る]

・厚岸町史編集委員会『新厚岸町史』通史編 第1巻(厚岸町、2012年)
・松田伝十郎『北夷談』(高倉新一郎編『日本庶民生活史料集成 第4巻 探検・紀行・地誌 北辺篇』、三一書房、1969年)
・谷元旦「蝦夷蓋開日記」(板坂耀子『近世紀行文集成』第1巻(葦書房、2002年)所収)
・谷元旦『蝦夷紀行図(上)』(1799年)
・川村博忠『近世絵図と測量術』(古今書院、1992年)
・佐藤宥紹編『釧路の近世絵図集成』(釧路市、1993年)
・釧路叢書編さん事務局編『鳥取移住百年誌』(釧路市、1984年)
・白糠町史編集委員会『白糠・八王子千人同心隊』(白糠町、1983年)
・広尾町史編さん委員会編『新広尾町史』(1978年)
・宮本すみ子「北海道における円空仏の研究―小幌洞窟岩屋観音像を中心とした一考察―」(『札幌大谷短期大学紀要』24、1991年)

・堺比呂志『円空仏と北海道』（北海道出版企画センター、2003年）
・大日本近世史料　近藤重蔵蝦夷地関係史料1―3、東京大学史料編纂所。1984―89年）
・谷本晃久『近藤重蔵と近藤富蔵』（山川出版社、2014年）
・梅澤秀夫「近藤重蔵論ノート(2)」（『清泉女子大学人文科学研究所紀要』35、2014年）
・北海道えりも町『猿留山道―歴史の道活用整備事業報告書―』（2017年）
・吉田東伍『大日本地名辞書』第8巻（冨山房、1939年）
・島谷良吉『最上徳内』（吉川弘文館、1989年）
・最上徳内著、吉田常吉編『蝦夷草紙』（後篇下之巻）（時事通信社、1971年）
・北海道様似町教育委員会『様似山道―歴史の道活用整備事業報告書―』（2017年）

［**第5章　ミツイシから松前までを測る**］

・象王『新続妙好人伝』（『大系真宗史料　伝記篇8妙好人伝』（法蔵館、2009年）
・ロバートG・フラーシェム・ヨシコN・フラーシェム『蝦夷地場所請負人―山田文右衛門家の活躍とその歴史的背景―』（北海道出版企画センター、1994年）
・知里幸恵『アイヌ神謡集』（岩波文庫、2009年）
・菅江真澄『蝦夷廼手布利』（『秋田叢書 別集』第4、秋田叢書刊行会、1932年）
・山下真由美「蝦夷地への派遣：島田（谷）元旦が果たした役割とその成果」（『鳥取県立博物館研究報告』49、2012年）
・足利健亮「東蝦夷地における和人と蝦夷の居住地移動」（『人文地理』20―1、1968年）
・岡崎守恭『遊王徳川家斉』（文芸春秋、2020年）
・大島日出生「八雲という町名の由来と理想」「ゆうらふ」24、1986年）

・坂本龍三『岡田健蔵伝』（講談社出版サービスセンター、１９９８年）
・永田富智『えぞキリシタン』（講談社、１９７３年）
・鈴木志穂「千軒とえぞキリシタン」（『北海道ふくしま歴史物語』、２０２１年）

［第6章　堀田仁助と伊能忠敬］

・辻達也『徳川吉宗』（吉川弘文館、１９５８年）
・金田章裕・上杉和央『日本地図史』（吉川弘文館、２０１２年）
・上杉和央『江戸知識人と地図』（大学出版部協会、２０１０年）
・高倉新一郎「我国に於ける北海道本島地図の変遷⑵」（『北方文化研究報告』7、１９５２年）
・川村博忠『江戸幕府撰日本総図の研究』（古今書院、２０１３年）
・海田俊一『流宣図と赤水図―江戸時代のベストセラー日本地図―』（アルス・メディカ、２０１７年）
・串原正峯『夷諺俗話』（高倉新一郎編『日本庶民生活史料集成』第4巻、１９６９年）
・佐久間達夫校訂『伊能忠敬　測量日記』全28冊（大空社、１９９８年ほか）
・高嶋弘志「近藤重蔵の神社建立をめぐって」（『釧路公立大学地域研究』19、２０１０年）
・『判官館　伝説と自然』（新冠郷土文化研究会、１９９１年）
・伊藤孝博『義経北行伝説の旅』（無明舎出版、２００５年）
・海野一隆『東洋地理学史研究 日本篇』（清文堂出版、２００５年）
・神戸市立博物館『日蘭交流のかけ橋』（神戸市立博物館、１９９８年）
・織田武雄氏ほか編『日本古地図大成―世界図編』（講談社、１９７５年）
・黒田日出男ほか編『地図と絵図の政治文化史』（東京大学出版会、２００１年）
・鳴海邦匡『近世日本の地図と測量』（九州大学出版会、２００７年）

・川村博忠『江戸幕府の日本地図』（吉川弘文館、2010年）
・川村博忠『江戸幕府撰日本総図の研究』（古今書院、2013年）
・榊原和夫『地図の道：長久保赤水の日本図』（誠文堂新光社、1986年）
・横山洸淙『清學の士 長久保赤水（増補版）』（ブイツーソリューション、2016年）
・渡辺一郎「伊能図の発見史」、鈴木純子「伊能図の内容と構成」（『伊能図大全』第6巻、河出書房新社、2013年）
・大谷亮吉『伊能忠敬』（岩波書店、1917年）
・保柳睦美編著『伊能忠敬の科学的業績』（訂正版、古今書院、1980年）
・東京地学協会編『伊能図に学ぶ』（朝倉書店、1998年）
・渡辺一郎『図説伊能忠敬の地図をよむ』（河出書房新社、2000年）
・渡辺一郎『伊能忠敬測量隊』（小学館、2003年）
・堀江敏夫「伊能忠敬と蝦夷地派遣の幕吏たち―蝦夷地測量時における―」（『伊能忠敬研究』33、2003年）
・海野一隆『東洋地理学史研究　日本篇』（清文堂、2005年）
・織田武雄『日本古地図大成―世界図編』（講談社、1975年）
・菊地智博・杉本史子・佐藤賢一・瀬戸裕介「江戸幕府天文方堀田仁助関係絵図調査記録」（『東京大学史料編纂所附属画像史料解析センター通信』89号、2020年）
・伊能忠敬研究会編『忠敬と伊能図』（現代書館、1998年）
・保柳睦美「伊能特小図と特殊中図」（『東北地理』23―4、1971年）
・長岡正利「伊能図特別小図『日本國地理測量の圖』について」（『地図』37―2、1999年）
・星埜由尚『伊能忠敬　日本をはじめて測った愚直の人』（山川出版社、2010年）

・星埜由尚「伊能忠敬全国測量の諸問題」（『地学雑誌』129(2)、２０２０年）
・澄川正彌『津和野の和算家』（時期不明、津和野郷土館蔵）
・酒井一輔「時代と伊能忠敬―「偉人・伊能忠敬」像の形成と展開」（『すごいぞ!江戸の科学　時代を動かした地図・暦・和算の力』、群馬県立歴史博物館、２０１８年）
・澄川正彌『津和野の和算家』（津和野郷土館蔵）

堀田仁助関係文献（堀田仁助について記述のある研究書）

・北海道同盟『北海道志（下巻）』（北海道同盟著訳館、1892年）
・遠藤利貞『日本数学史』（岩波書店、1918年）
・澄川正彌『津和野の和算家』（時期不明、津和野郷土館蔵）
・宮崎幸麿『北海道と島根県』（島根県郷友会、1931年）
・大森有吉『島根縣の和算家　未定稿』（1932年）
・望月幸雄『郷土に永眠る偉人の面影』（1934年）
・高倉新一郎「堀田仁助の蝦夷地海路測定事蹟」（『蝦夷往来』9、1933年）。のちに『高倉新一郎著作集』第2巻（高倉新一郎著作集編集委員会、1995年）に所収
・津和野中学校交友会編『津和野教育史談』（1935年）
・大森有吉『島根縣和算家事蹟』（1954年）
・岩谷建三「数学者の堀田仁助」（『山陰中央新報』1974年3月29日号ほか）
・織田武雄『日本古地図大成—世界図編』（講談社、1975年）
・高倉新一郎『北海道古地図集成』（北海道出版企画センター、1987年）
・沖本常吉『津和野町史』3（1989年）
・北方領土解説資料編集委員会『ぼくの国わたしのふるさと北方領土（島根県編）』（1989年）
・海野一隆「日本学士院所蔵無題東西両半球図」（「洋学1、洋学史学会研究年報」八坂書房、1993年）
・渡辺一郎「最近における伊能日本図の所在と概況について」（『地図』34—2、1995年）
・『図説廿日市の歴史』（廿日市市、1997年）
・神戸市立博物館『日蘭交流のかけ橋』（神戸市立博物館、1998年）
・秋月俊幸『日本北辺の探検と地図の歴史』（北海道大学図書刊行会、1999年）

・石田米孝『廿日市の歴史探訪』２（１９９９年）
・秋山伸隆ほか『図説廿日市・大竹・厳島の歴史（広島県の歴史シリーズ）』（郷土出版社、２００１年）
・笹木義友「寛政年間の蝦夷地測量」（北海道開拓記念館、２００１年講演資料）
・黒田日出男他編『地図と絵図の政治文化史』（東京大学出版会、２００１年）
・堀江敏夫『伊能忠敬と蝦夷地派遣の幕吏たち〜蝦夷地測量時における〜』（『伊能忠敬研究』33（２００３年）
・海野一隆『東洋地理学史研究 日本篇』（清文堂出版、２００５年）
・岡宏三「史料紹介『蝦夷地開発記』と堀田仁助の由緒書」（島根県古代文化センター『古代文化研究』17、２００９年）
・川村博忠『江戸幕府の日本地図』（吉川弘文館、２０１０年）
・高木崇世芝『近世日本の北方図研究』９（北海道出版企画センター、２０１１年）
・高木崇世芝『北海道ゆかりの人びと〜墓碑を訪ねて〜』（北海道出版企画センター、２０１５年）
・嘉数次人・龍善暢・竹内幹蔵・太田哲朗・矢田猛士「堀田仁助の天球儀―外観と描かれた星座―」（『島根県立三瓶自然館研究報告』15、２０１７年）
・神英雄「地理学者堀田仁助と西洋式地図」（島根地理学会50周年記念誌、２０１７年）
・山岡浩二『明治の津和野人たち』（堀之内出版、２０１８年）
・菊地智博・杉本史子・佐藤賢一・瀬戸裕介「江戸幕府天文方堀田仁助関係絵図調査記録」（『東京大学史料編纂所附属画像史料解析センター通信』89号、２０２０年）
・神英雄「蝦夷地を測るー津和野藩士堀田仁助」（『山陰中央新報』２０２１年4月2日〜22年5月27日）
・龍善暢「堀田仁助製作天球儀の３Ｄ画像化」（『島根県立三瓶自然館研究報告』20、２０２２年）
・「郷土の天文学者堀田仁助の物語（プラネタリウム番組）」（島根県立三瓶自然館、２０２２年）

堀田仁助関連資料

［堀田仁助著作物］

・堀田仁助（共著）『算学累年録』（１７９１年）（東北大学附属図書館狩野文庫蔵）
・藤田貞資閲，藤田嘉言編『神壁算法』（１７８９年）
・藤田貞資閲，藤田嘉言編『続神壁算法』（１８０８年）
・堀田仁助『對數表』（１８１４年）（東北大学附属図書館狩野文庫蔵）

［測量時の記録（写本）］

・堀田仁助・鈴木周助『幻空雑記』（函館中央図書館蔵）（１８０１年写）。
・鈴木周助『蝦夷地開国之記（鈴木周助アツケシ出張日記）』（函館中央図書館蔵）（１８０３年写）
・鈴木周助『蝦夷地開発記』（北海道大学附属図書館北方資料室）（１８０４年写）

［堀田仁助の資料］

(1)日本学士院

①コンパス（付物差し、鎖）№７２７５
　長さ15・５㎝。鎖（77・５㎝）と物差（９・２×１・３㎝）がついている。蝦夷地測量時に携行したものと見られる。

②万国地図（世界地図）№６２３５(1)
　縦75×横１５４㎝。赤道と夏至昼長線および冬至昼短線と表記される南北回帰線、極、経線が日本語で表記されている。オーストラリアは南極と一体として描かれ、北極海には多数の島嶼があり、カ

ラフトは大陸の一部として表現されている。地域ごとに色分けされる。

③万国地図（世界地図）№６２３５⑵

縦79×横１２８㎝。ロシア語表記。東半球と西半球の２枚に分かれ、中央上部にキリストと４人の天使が銅版画で表現されている。極と経緯線、黄道・赤道。オーストラリアは大陸、カラフトは島として表記される。海野一隆によれば、この地図の原本は、大黒屋光太夫が帰国した際（１７９２年）にもたらしたロシア製地図という。両半球の接する部分にエカテリーナ２世を礼賛する絵が描かれている。

④北海道地図（蝦夷地図）№６２３５⑶

縦１１６×横１３５㎝。包みに「日本地図四枚之内（東海・九州・奥州・北海）／北海道之部　一枚　島根県美濃郡小野村飯浦　大正三年　堀田末吉寄」とある。和地図。破損・虫食い多し。絵図の端に東西南北が記され、松前から大間を結ぶ航路と蝦夷地内の街道が朱筆されている。経緯線はなし。図はいびつな格好で、南半分が実際の地形をある程度反映しているが、北半分のオホーツク海沿岸や日本海沿岸は雑駁で大きくゆがんでいる。図のほぼ中央に襟裳岬が位置し、詳細に地名と主な都市（集落）間の距離が書きこんである。

千島列島はじめ島嶼は黄色で表現されている。悪消（厚岸）を起点として千島列島への距離や位置が表現されている。特に島嶼の各湊の湾口の地形や方向など航行に際して必要な情報が書きこんである。また一部に植生も書かれている。

この地図は仁助が作成したものではなく、江戸を出る時に携行したものではないかと見られる。

⑤「品川より宮古に至る図」№６２３５⑷

縦98・５×横１８３㎝。「奥州海岸地図（江戸湾より）」とも表記される。和紙に着色。左下に「寄贈図書」印と「堀田末吉氏」と書いている。

経緯線が記入されていて、緯度は35度から41度まで記載されているが、経線には数字の記載がない。江戸湾から久慈湾までの海岸線が描写されているが、さらにこの地図の上方に地図が繋がっていたと見られる。品川から宮古までの海上に朱線あり。神風丸の航路を記したと見られる。

⑥「日本海岸地図」（紀伊半島―東海道―奥州）２点　№６２３５⑸

縦29・２×横６３９・２㎝、縦29・２×横42・２㎝。本来は１枚だったものが切れたものと見られる。和紙に着彩された和地図に、紀伊半島から陸中海岸までと下北半島の一部が描かれている。なお、久慈から八戸付近は欠損している。主な浦と岬が描かれ、一部に航路も記載されている。この表記方法と仁助の「奥州海岸地図」の表記方法は酷似しており、仁助はこの地図を参考にしながら独自の西洋式測量で位置の同定をおこなって地図を作成したと推測される。

⑦九州地図　№６２３５⑹

縦78・７×横１２６・５㎝。九州の各大名の支配地を色分けして表記する。山や川、それに航路と距離が記載されている。主な都市には大名の紋が書かれている。

⑵津和野町郷土館

「従江都至東海蝦夷地針路之図」

縦１１５・４×横２７１㎝。縮尺約38万６７６０分の１。

⑶太皷谷稲成神社

①天球儀

直径約36㎝。木製の球体に真ちゅう製の子午環と呼ばれる輪をはめ、そこに３６０度の目盛りがつき、木製の架台に載る。当時使われていた二十八宿をはじめとする２５７の中国星座と、渋川春海が独自に制定した52の星座（大宰府、曾孫など）が描かれている。

②地球儀

仕様は天球儀に同じ。1790年に長崎の通訳・本木良永が翻訳したコヴァンとモルチエの地図帖や桂川甫周の世界地図などを参考にして制作したもの（織田武雄）。仁助の調査結果は反映されていない。

③『日本国地理測量之図』（特別小図）

縦517・6～518・2㎝×横524・1～525・1㎝。天文方に提出地図の副本とみられる。伊能忠敬の『日本国地理測量之図』を堀田仁助が模写し、仁助独自の注釈が多く載る。日本近海の航路に必要な情報を足したもの。地図上部に箱館（函館）周辺の地名と水深を記した「箱館湊近海浅深測量」という地図が貼られている。

④『東三十三国沿海測量図』

縦272・4×横214・8㎝。これも天文方提出地図の副本か。1803年頃に伊能忠敬が作成した「沿海地図」（中図3枚、小図1枚）のうち、小図を2分の1に縮写したもの。

⑷**徳島城博物館**

「奥州松前蝦夷之図」（徳島城博物館寄託「蜂須賀家文書」蔵　図書番号　諸国七十三）

縦114・9×横253・3㎝。袋には「奥州松前蝦夷之図」と表記されている。

地図の右下に「阿波国文庫」の朱印。地図には35度から43度の緯度が記され、無数の斜交する線が引かれている。その中で、品川沖・内浦沖・剣崎沖・塩屋崎沖・宮古沖・尻屋崎沖・厚岸沖の7地点にコンパス・ローズ（方位羅針盤）が置かれている。このほか、奥羽山脈にも同様の方位線がある。放射状の方位線（ラクサドローム）も描かれている。

地図は奥州が海上からの測量、蝦夷地が陸上での測量。蝦夷地の方がやや丁寧に描かれている。
①海岸付近の地形（崖・岩礁―エンジ色、平地―黄色、山・森林―緑）、②房総半島には、砂・御宿・勝浦町・岩和田などの地名が朱筆されている。
津和野町郷土館の地図と較べて表記が略されている。

あとがきにかえて―研究の経過

2013（平成25）年5月11日、この日私は初めて堀田仁助を知った。当時、浜田市世界こども美術館に勤務していた私は、市立施設にある全ての美術品を調査し、その成果を企画展「はまだの美術」で披露するべく準備していた。そして、島根書道会の佐々木龍雲会長に展覧会への協力と出品の要請をするため益田市のお宅を訪ねた。

その際、奥様の良子氏が「私は堀田仁助の8代子孫です」と切り出され、仁助の仕事を多くの人に伝えて貰えないかと話された。その頃、独自のネルドリップの使い方を創案して世界初の缶コーヒーをつくった三浦義武の評伝を執筆していた私は、新たな課題に取り組む余裕もなく、「地図学の専門家でない私には荷が重いです」と申し入れを辞退した。

6月28日、こども美術館を来訪した佐々木氏が再度依頼されたが、「今少し考えさせてください」と答えた。しかし、日が経つに連れて、次第に調べてみたいという思いが強くなり、島根県古代文化センターの岡宏三氏が翻刻した「『蝦夷地開発記』と『堀田家由緒書』」を読んだ。丁寧な翻刻を読んで心が揺さぶられた。そして、7月31

日に作品返却に伺った際、「まずは年譜づくりをしてみましょう」と話した。それが始まりだった。私はたちまち仁助に魅せられてのぼせていった。

9月、津和野太鼓谷稲成神社の宮司角河和幸氏の御厚意により、同社の地球儀と天球儀の予備調査を実施。12月、津和野郷土館で仁助がつくった『従江都至東海蝦夷地針路之図』と彼の業績をまとめた『津和野の和算家』の撮影。２０１４年2月、日本学士院での調査。同年8月、徳島城博物館で『奥州松前蝦夷之図』の撮影。これらの作業を通して、次第に仁助の姿が見えてきた。

仁助は多くの地図を読み、自らの手で実測図をつくった。そして、伊能忠敬のつくった地図に注釈を加えて利用者の利便性を高めようとした。踏査する地域の様々な事象に興味を持ち、地域を俯瞰的に観察して特徴を詳らかにした。その際、数学や天文学を中心に周辺科学の知識や技術を活用した。その姿勢が私の知っている一人の地理学者と重なった。それは19歳から29歳まで師事した福田徹先生だった。先生は新田開発の研究を精力的に続けていたが、１９８４年3月に45歳で医療過誤により突然亡くなった。研究室で「地理学徒は読図に始まり作図に終わる」というのが先生の口癖。読図と作図に明け暮れる日々が続いた。調査に訪れた地域では「どのような事象にも好奇心を持って臨もう」と笑顔いっぱいに歩き回り、私は後から懸命に追いかけたものだった。

仁助を地理学の先駆者ではないかと思うようになった私は、２０１７年に島根地理学会50周年記念誌に「地理学者堀田仁助と西洋式地図」を発表した。その際、北方地図研究の第一人者高木崇世芝氏から、「西洋式地図」という用語の曖昧さを指摘いただき、そのお蔭で地図製作の歴史を学ぶことが出来た。

同じ頃、平取町立二風谷アイヌ文化博物館の関根健司氏から紹介されて、近世アイヌ語研究の最前線に立つ佐藤知己氏に仁助が『幻空雑記』に記した約１４０のアイヌ語の特徴についてお尋ねした。その際、千歳地方の方言が多く採録されているが、一部に旭川方言、名寄方言、帯広方言、美幌方言、宗谷方言のような北海道の北東部方言の特色と一致するものもみられるという貴重な分析結果を示され、『蝦夷談筆記』、『和漢三才図会』などの先行書を参考にした可能性をご指摘いただいた。どこでどうやって仁助がこれらのアイヌ語を知りえたかについてはまだ不明な点が多く、本書で触れられなかったことをお詫びしたい。今後の研究課題の一つとしたい。


この頃、さらに研究成果を報告し続けていこうと考えたが、その一方で多くの人々に仁助の仕事を知って欲しいと願い、評伝の執筆を開始した。

2020年春、山陰中央新報社文化部の斎藤敦氏に「堀田仁助の生涯について新聞連載させていただけませんか」とお願いした。しばらくして翌年4月からの連載が決まった。これを受けて、同年6月、私は堀田仁助の足跡を訪ねて北海道に行こうとした。そこにコロナ禍が直撃し、航空便が軒並み欠航となった。ひと月先延ばしにすると7月に義母が急逝。私は何度も文献を読み直して来るべき現地踏査に備えた。

北海道を訪ねたのは8月下旬だった。厚岸から車で十数日かけて松前に向けて走った。その際、仁助の歩いた経路をなぞるようにルートをとった。仁助の見たもの感じたものを追体験したいと願ったからだった。この取材では、各地で研究者、学芸員、図書館司書の方はじめ多くの人にお世話になった。

9月17日から、仁助の出生地広島県廿日市市のはつかいち美術ギャラリーで企画展「津和野街道交流記念事業　津和野街道の歴史と津和野街道百絵図」が開催され、津和野街道の現在を描いた日本画家平《ひら》昭治氏の「津和野街道百絵図」とともに街道を何度も往来した仁助の仕事が紹介された（10月4日まで）。この時、企画を担当した山田博規氏からは示唆に富む多くのご教示をいただいた。仁助に対する関心が高まったのを受けて、翌年7月、10月、11月に廿日市中央交流センターで仁助についての連続講座を開かせていただき、彼の仕事を詳しく報告した。この講座では、同センターならびに廿日市市まちづくり協議会（八木賢治会長）の正木康章氏はじめ多くの方々がご助力くださった。

仁助の評伝は２０２１年４月２日から翌年５月27日まで毎週金曜日に掲載された。この間、斎藤敦氏、万代剛氏、引野道生氏の３氏が担当してくださった。とりわけ斎藤氏は、いかにして読者に興味を持って貰おうかと記事のタイトルを考えると共に、毎回紙面構成に腐心してくださったが、なんと有難かったことか。斎藤氏は２０２３年１月25日、58歳で生涯を閉じた。それが切ない。

連載に合わせるかのように、津和野町郷土館では『従江都至東海蝦夷地針路之図』の撮影が行われた。提供いただいた高画質写真によって地図の細部まではっきりと解読出来るようになった。担当の小杉紗友美氏には他にも多くのご教示をいただいた。

２０２１年夏、東京周辺での写真撮影に出かけようとしたが、またもコロナ禍で移動出来なくなった。やむなく関係機関に対して紙面に載せる写真の提供をお願いしたが、状況を理解した方々が協力してくださった。そのお蔭で連載は支障なく進んだ。そして連載終盤を迎えた同年12月に東京、横須賀、佐原を訪ねて追加取材と撮影が出来た。

2022年3月からは、島根県立三瓶自然館でプラネタリウム番組「郷土の天文学者堀田仁助の物語」が公開されたが、龍善暢氏と矢田猛士氏の熱意が私の調査を後押ししてくれた。

蝦夷《えみし》の末裔として青森に生まれた私は、若い頃に宮城・福島の平野をフィールドに自然と人間のかかわりについて研究を重ねる一方、近代北海道の農業移民会社（必成社）やアムハラバ教と山県勇三郎について調査するため、函館、小樽、札幌、岩見沢、釧路、根室など道内各地を歩き回った。

その折、旧北海道開拓記念館で笹木義友氏に遇った。氏は近世から近代にかけての北海道開発について詳しくご教示くださった。数年前、仁助の先行論文を調べる中で、笹木氏の研究発表資料（「寛政年間の蝦夷地測量」〈平成13（2001）年9月講演資料〉）を入手した。驚きと懐かしさで開拓記念館に連絡すると、2014年1月若くしてお亡くなりになったと教えられた。数年に渡って仁助の一連の地図製作について調査を進め、いよいよまとめようとしていたという。私は笹木氏の遺した資料から多くの教示を受けた。心より哀悼の意を表するとともに、記してその業績を称えたい。

仁助の後を追い求めて10年になる。それは「この仕事をせよ」という先学の声に導かれた旅だったと思われてならない。「立っても歩いても座っていても横になっても、起きている時は仁助、仁助、仁助」。ここ数年はそんな日が続いた。

私は多くの人に堀田仁助を知って欲しいと思うが、「決して仁助を偉人にしてはならない」と考える。そのため誇張表現を避け脚色も控えるよう努めた。ただどうしても思い入れが強くなり、一部に憶測を交えた描写をした。どうかお許し願いたい。

新聞記事を修正・加筆する作業をしていた2022年10月、島根地理学会と日本地図学会の巡検が津和野町で行われた。その際、遠路参加くださった日本地図学会の星埜由尚氏、卜部勝彦氏、鈴木厚志氏、太田弘氏の4氏から多くの示唆に富むご助言をいただいた。これも有り難かった。巡検を企画・実施した津和野高校の阿部志朗氏と貴重な資料を公開くださった津和野太皷谷稲成神社に感謝したい。

題字は佐々木龍雲氏に揮ごうしていただいた。堀田仁助8代子孫の佐々木良子氏は序文をお寄せくださった。ご夫妻には本当に言い尽くせぬお世話になった。出版をおひき受けくださった山陰中央新報社に感謝したい。編集に尽力いただいた福新大雄氏にもお礼申し上げたい。

本書成立に際して出会った全ての方々と度重なる幸運に感謝したい。本書が地理学の先駆者である堀田仁助の理解に繋がれば幸甚である。

末筆ながら、『幻空雑記』の解読は仁助と誕生日が同じ妻智子があたり、地図・図版作成は次男由貴（出雲西高等学校教諭）が担当したことを付記しておく。

令和5年3月13日　私に地理学の歓びを教えてくださった恩師福田徹先生の命日に。

安来市荒島町の寓居にて　　神　英雄

謝　辞

本稿執筆に際して、以下の方々にもお世話になった。記して謝意を表したい。

青森県立図書館、秋月俊幸、厚岸町海事記念館菅原卓己、石橋留美子、稲田宗、井口利夫、石巻市観光協会、石巻市教育委員会生涯学習課須藤良介、一社・松島町観光協会、茨城県高萩市教育委員会、岩手県観光協会、浦河町郷土博物館、NCスタジオ青森＠なりたカメラ写真館、えりも町教育委員会、えりも町教育委員会中岡利泰、同高木大稔、長万部町教育委員会、香取市伊能忠敬記念館、川﨑さおり、暁慎寺（北海道厚岸町）、釧路市中央図書館、９４６４６（釧路を知ろう）、宮内庁、神戸市立博物館、小寺裕、様似町教育委員会、様似町教育委員会高橋美鈴、サン・ファン館、島根県立図書館、島根県立三瓶自然館、島根大学作野広和、島根大学附属図書館、白糠町役場、市立函館博物館保科智治、知内町郷土資料館高橋豊彦、専念寺（北海道松前町）、高萩市教育委員会、高野淳、津和野郷土館、津和野町教育委員会宮田健一、東北大学附属図書館、鳥取県立図書館、長久保赤水顕彰会会長佐川春久、新冠町郷土資料館新川剛生、日本学士院、登別市教育委員会平塚理子、函館市恵山支所、函館市中央図書館、廿日市市教育委員会、はつかいち美術ギャラリー、広尾町教育委員会、広島県立歴史博物館、藤田彰裕、北海道大学海獣班、北海道大学出版会、北海道立図書館北方資料室、堀田正勝、松前町教育委員会佐藤雄生、宮古市市史編纂室、むつ市教育委員会、室蘭市民俗資料館津川基、最上徳内記念館、八雲の交流を進める会、八雲町立図書館、矢嶋裕之、山岡浩二、山梨県立博物館中野賢治、横須賀市自然・人文博物館藤井明広博、龍岸寺（京都市下京区）。

（敬称略。あいうえお順、肩書は調査当時のもの）

著者プロフィール

神　英雄（じん　ひでお）（島根地理学会会長・安来市加納美術館前館長）

１９５４（昭和29）年10月青森県八戸市生まれ。１９８２年３月龍谷大学大学院修了。地域文化研究所代表の傍ら、龍谷大学講師・ＮＨＫ大阪文化センター講師・種智院大学講師ほか兼任。

２０００（平成12）年より２０１５年３月まで石正美術館と浜田市世界こども美術館で学芸員を勤め、同年４月より２０２０（令和２）年３月まで安来市加納美術館館長。現在同館参与。宮城学院女子大学客員研究員、中国新聞文化教室講師、山陰中央新報文化センター講師兼任。

主な著書は、『柿本人麻呂の石見』（自照社出版、２０１０年）、『妙好人と石見人の生き方』（自照社出版、２０１３年）、『石見と安芸の妙好人に出遇う―人生の旅人たち―』（自照社出版、２０１５年）、『三浦義武　缶コーヒー誕生』（松籟社、２０１７年）など。専門は歴史地理学・地域学。

堀田仁助ゆかりの地
津和野町

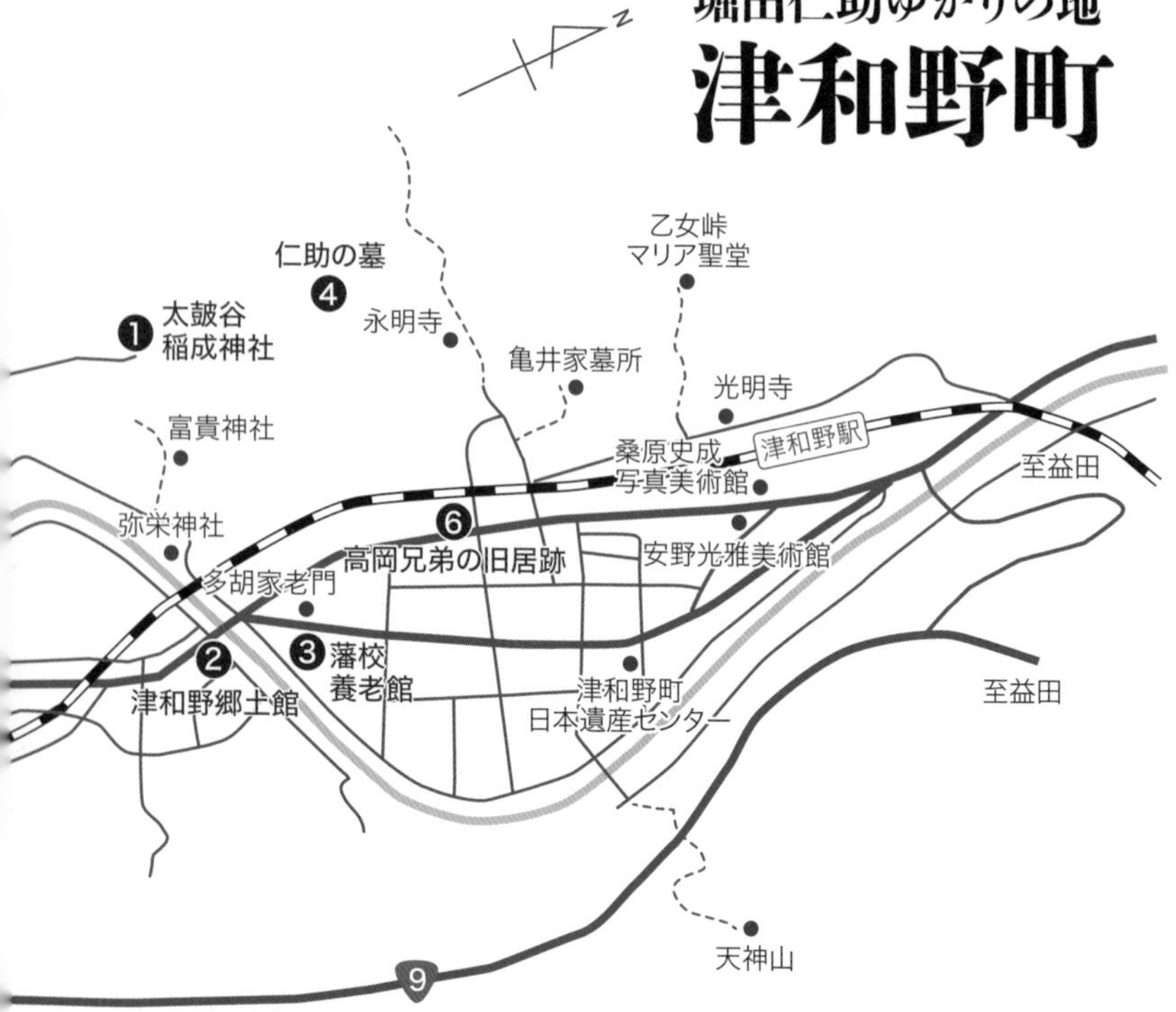

津和野町内にある堀田仁助ゆかりの場所

①**太皷谷稲成神社**　仁助が作った天球儀と地球儀、仁助が注釈した伊能忠敬の地図を収蔵する。

②**津和野郷土館**　江戸と蝦夷地を結ぶ航路を示した地図をはじめ、津和野ゆかりの人々の業績を展示する。

③**藩校養老館**　堀田仁助が教壇に立ったこともある藩校は1853（嘉永6）年の大火で焼失。1855（安政2）年に現在地に移転、再建された。

④仁助の墓　仁助の墓は永明寺近くにある小高い山の斜面にあり、他の藩士とともに眠る。

⑤仁助晩年の住居跡　仁助が晩年に暮らした住居は津和野町立図書館の北東付近にあったが、1853（嘉永6）年の大火で焼失した。

⑥高岡兄弟の旧居跡　仁助に続くように北海道に渡り、開拓に尽力した高岡兄弟の旧居跡には顕彰碑が建つ。前を通る道は、高岡通りの名がついている。

堀田仁助ゆかりの地　廿日市市

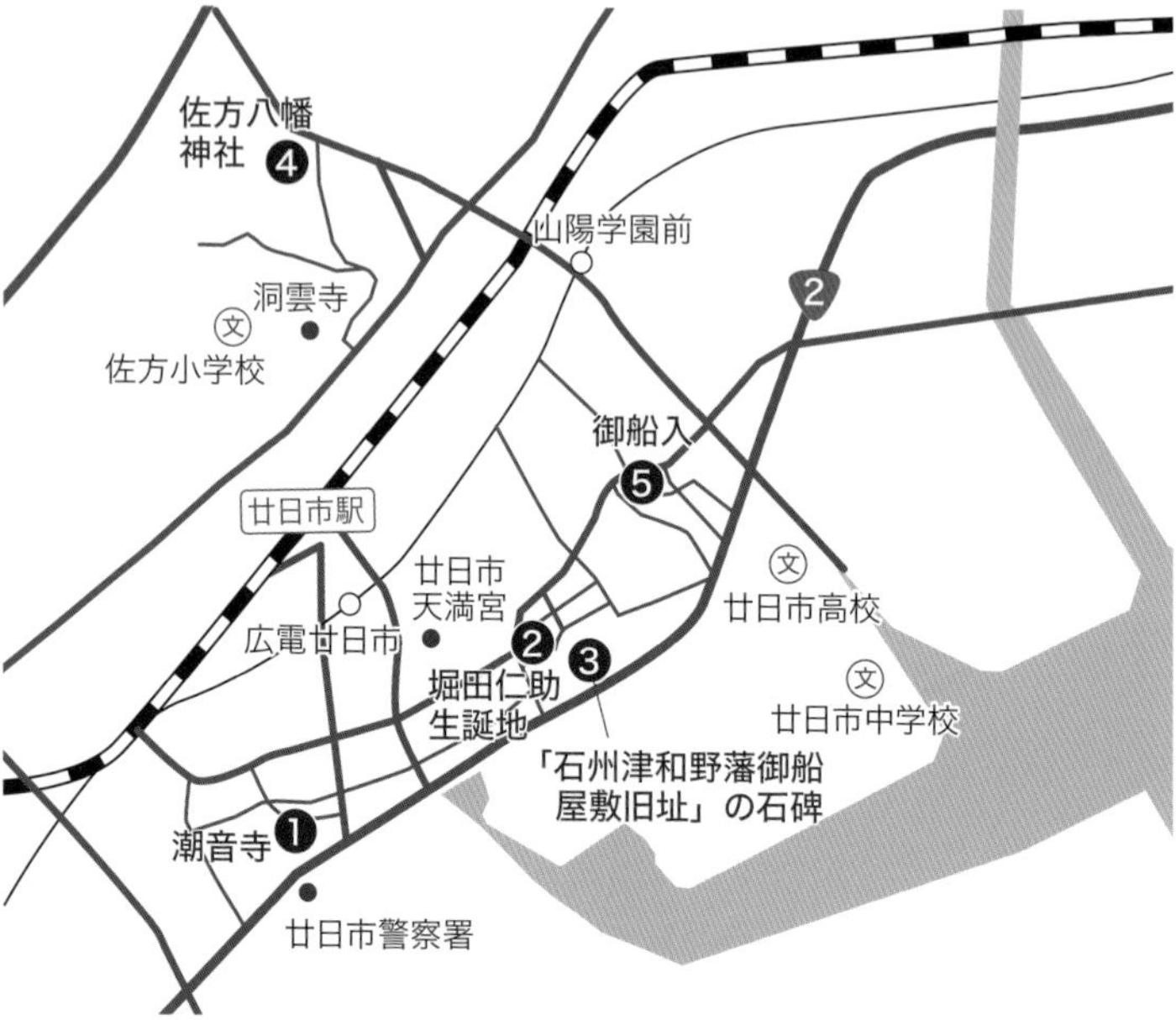

廿日市市内にある堀田仁助ゆかりの場所

①**潮音寺**　堀田仁助の両親の墓がある（参拝時はお寺の許可が必要）。

②**堀田仁助生誕地**　仁助の子孫の間では、この場所が生誕地と伝えられている。

③**「石州津和野藩御船屋敷旧址」の石碑**　1980年、御船屋敷の一角に建立された。

④**佐方八幡神社**　1808年に堀田仁助が寄進した石灯篭が石段上に設置されている。

⑤**御船入**　津和野藩の船はここから上方に出航した。現在は埋め立てられて住宅地になっている。

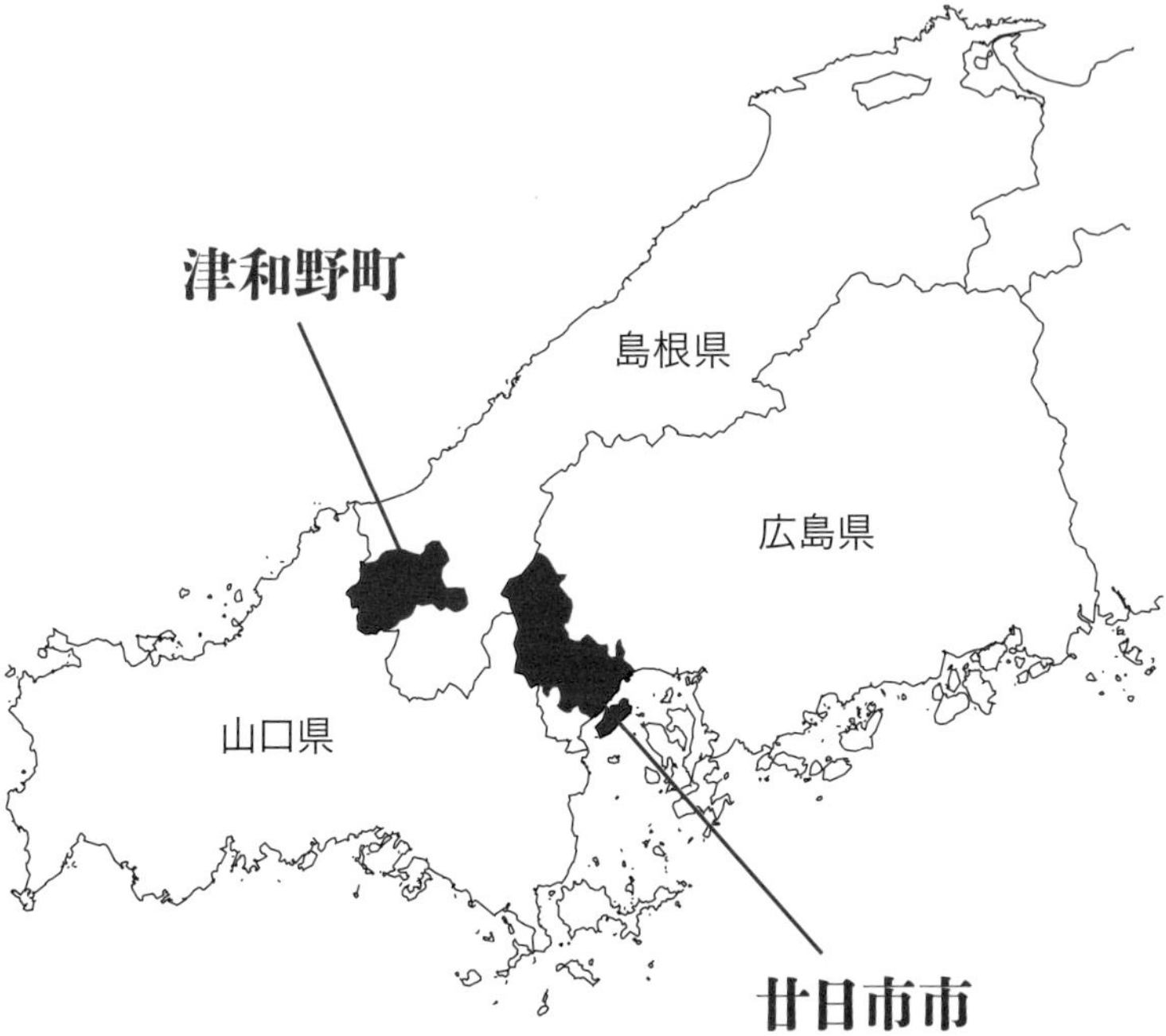
津和野町
島根県
広島県
山口県
廿日市市

堀田　仁助
蝦夷地を測った津和野藩士

2023年3月13日初版第1刷発行
2023年6月18日　　第2刷発行

著　　者　神　英雄
発 行 所　山陰中央新報社
〒690-8668　松江市殿町383
電話 0852-32-3420（出版部）

印刷・製本　㈲高浜印刷

ISBN 978-4-87903-258-4